トップ営業が密かにやっている最強の会話術

SIX MENTAL READING

シックスメンタルリーディング

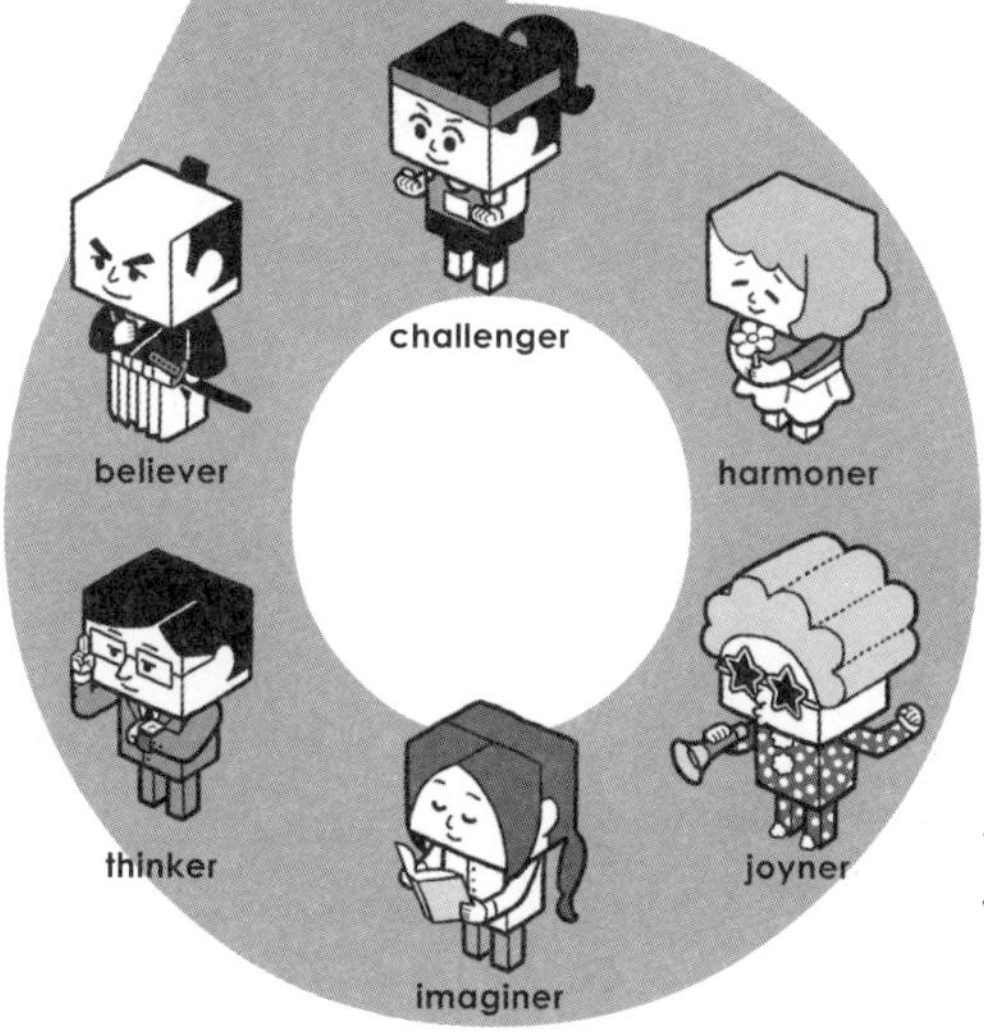

加賀田裕之

Kagata Hiroyuki

きずな出版

5つの質問で、自分とあの人を6タイプに診断！

それぞれの特徴を見て、どのタイプに一番近いか考えてみよう！

5 BEHAVIORAL CUES

あの人を知る5つの質問

【質問❶】よく使う言葉は？

【質問❷】話し方（声のトーン・テンポ）は？

【質問❸】表情は？

【質問❹】ジェスチャー（身振り手振り）は？

【質問❺】全体の雰囲気は？

ロジカル思考が得意な

シンカーさん

❶いつ?、事実、効率

❷淡々とした話し方。質問が多い

❸感情があまり出ない。額に横じわがある場合がある

❹静かにうなずくことが多い

❺黒や白などの機能的なファッション

思いやりあふれる

ハーモナーさん

❶～と感じる、私の気持ちは～、嬉しい

❷やさしい口調、反応

❸目尻が下がっている（笑みじわ）。微笑んでいることが多い

❹ゆったりふんわりとした動き、温かみを感じる動き

❺人を不快にさせない柔らかいファッション

楽しみ上手な

ジョイナーさん

❶マジで!?、～が好き、～したい!

❷擬音語・擬態語が多い

❸無邪気に笑う。目尻や口元に笑いじわがある場合が多い

❹「えー!」などのオーバーアクションが多い。にかっと笑う

❺他人の目は気にせず、自分が「好き」と思ったものを着る

信念を貫く

ビリーバーさん

❶～するべき、～する価値がある、義理

❷会話の中に自分の意見が多く出る

❸真剣な表情をしていることが多い。眉間に縦じわがある場合がある

❹背筋を伸ばして姿勢が良い。パッション(情熱)を感じさせる動作

❺自分が価値を感じた、こだわりのファッション

想像力豊かな

イマジナーさん

❶～みたい、～に似ている、私のペースで

❷口数少なく物静か

❸穏やか、控えめな表情。あまり表情に出ない。目を合わせない

❹無表情、面倒なことは無視

❺ただ着れればよいという感じで、着飾ったりしない

競争に燃える

チャレンジャーさん

❶～しろ!、一か八か、勝負、行動

❷言葉が短い。言い切りが多い

❸一見、近寄りがたいオーラや表情

❹腕と脚を組んでふんぞりかえる。でんと構える

❺「ビシッ」と決めた、派手なファッション

資料① 6つのメンタル

資料② ゲーテの色彩環

はじめに

あの人を思い通りに動かす「6つ」のタイプ別コミュニケーション術

あなたは人間関係に悩み苦しんで、そしてパニックになってしまいそうになる。そんなとき、ないですか。

外では明るく笑顔を振りまいているけれど、実は、ビジネス、セールス、恋愛、プライベート、親子関係、コミュニケーションで、恐ろしいほどの不安や孤独と、ひとり闘い、傷ついていないですか。

もし、あなたがセールスパーソンであれば……、

「人間関係を良くする方法は本で読んだり学んだりしたけれど、リアルな現場で使えるものがなかった」

「初対面のお客様に何を話していいのかわからない。うまく話せないので会話がもりあがらず、売上が上がらない。特に初めての見込み客とのコミュニケーションで失敗してしまう」

「上司から『雑談してなごませろ』と言われるが、どのように雑談していいかわからないし、そもそも人に興味がないので、ヒアリングがうまくできない」

「『明日からなんとかしよう！』と思っても、だんだんお客様も怖くなってきた」

あなたはセールスでこのような悩みを抱えて、そしてひとりで、苦しんでいませんか？

セールスパーソン以外の人も、

「部下に対しても『この人難しいな』と思うと途端に、苦手意識でいっぱいになってしまって仕事を任せられず、一人で仕事を抱え込んで土日も休みなしで仕事をしてしまう」

「上司から怒られてばかり。うまく意思疎通ができない。ストレスでお風呂の排水口が詰まるほど毎日髪が抜けるようになり、ちょっと自分自身のメンタルが心配になってきている」

このように悩んでいないでしょうか？

また、恋愛であれば……、

「好きなあの人に、何を話していいかわからない」

「もっとうまくあの人に話せたら、仕事もプライベートも、人生がうまくいくのに」

と、あなたはひとり悩み苦しんでいませんか。

大丈夫。安心してください。

コミュニケーションで悩んでいるのは、あなた一人だけではありません。この先を読み進めていただければ、あなたのコミュニケーション能力は格段に上がります。

この本で伝えたいことは、人はそれぞれその人特有の「深層心理的な欲求」があり、それにアプローチすることで「一瞬で深い愛と希望に満ちた人間関係構築（コミュニケーション）」が可能となる。それが、**SIX METAL READING（シックス メンタル リーディング）**なのです。

SIXは文字通り「6」。MENTAL（メンタル）は「深層心理」。そしてREADING（リーディング）は、「読み取る」。つまり6つの深層心理的欲求を理解し、それぞれに合わせたコミュニケーション術がSIX MENTAL READINGなのです。

私は現役の営業コーチ（台本営業®コンサルタント）として「営業が苦手で困っているセールスパーソン、起業家、企業に、日々営業コンサルティングや営業研修を実施しています。

その際、**トップ営業には、共通の「コミュニケーション術」の〝型〟があることに気がついたのです。**

「私にはセールスは関係ない」と思っている方もいらっしゃるかもしれませんが、**「人生すべて営業（セールス）」です。**

トップ営業が活用している「コミュニケーション術」を身につければ、すべてのコミュニケーション、従業員（部下）へのリーダーシップ、上司・同僚とのやりとり、そして恋愛などのプライベートにも、効くのです！

これからコミュニケーションの得意な、トップ営業が意識的・無意識的に行っているコミュニケーション術を「超カンタン」に解き明かします。

あなたがこれを知って実行すれば、「今まで悩んでいたのはなんだったんだろう？」と悩みがとれてスッキリするはずです。

もしかしたらこのような話を聞くと、心やさしいあなたは「スキルを使うことって人を誘導しているようで、なんか嫌だ」という風に感じたかもしれません。

ズバリ、スキル自体に善悪はありません。スキルを使う人の「目的」が何かが重要なのです。

たとえばＥＲ（救急外来）のドクターが「私は、患者さんのことを思う気持ちは誰にも負けない！」と言って、医療スキルを磨かずに、たとえば交通事故で運ばれてきた、重症の患者さんを死なせてしまったら、あなたはどう感じますか？

「その前に、ちゃんと医療スキルを磨いてくれよ！」と思うはずです。

包丁を使ってひとを刺してしまう人もいれば、包丁を使って美味しい料理で人を幸せにする料理人もいます。「騙そうとしてスキルを使うのか？」「目の前の人を幸せにするためにスキルを使うのか？」かは、その人次第です。

スキルを使うことに悪いイメージや罪悪感がある人は、「スキル」に対して、「詐欺のように中身は伴わないけれど、人を騙す目的で使う」というイメージが強いかもしれません。

昔、雑誌の恋愛記事を読んでその通りやってる友達がいたので「カッコ悪いな、目の前の相手を見ずに、スキルばかりで薄っぺらい」と思っていました。

そうではなく、スキル（技術）もある、心もある、その両方を私たちは目指せばいいのです。

さて、コミュニケーション力（セールスであれば成約率）を上げる3つの要素は、

◉誰が話すか？
◉何を話すか？
◉どう話すか？

です。

「誰が話すか？」とは、究極的にいえば「人間力」です。でも、人間力の向上はなかなか難しいし、時間がかかります。つらいこと、悲しいこと、苦しいことを経験する

ことで「人間性」が豊かになり、それを克服することで「人間力」がアップするのかもしれません。

私は50代になりますが、人様に人間性・人間力を教えることはまだまだ早いと思っています。

ということは、この本を読んでくれている若い読者の皆さんに「人間力が向上する数十年後まで、コミュニケーション力アップ（セールスであれば成約率アップ）を待ちなさい」と言っても、待てないのではないでしょうか。

そこで、この本を読んでくださっている大切なあなたに、「何を話すか？」「どう話すか？」という話し方の秘技について体得していただきたいのです。

成約率アップに悩んでいるセールスパーソン、「上司に怒られてばかり、なんとかしないと左遷か降格もしくは辞めざるをえないかも」と悩んでいるビジネスパーソン、「好きなあの人と仲良くしたい！」と恋愛で悩んでいるあなたが、この手法（SIX

MENTAL READING）を知れば、「こんなにコミュニュケーションってカンタンだったんだ！」とその効果にびっくりするはずです。

そして、後ほど紐解きますが、結果的にあなたの「器」を科学的に大きくすることもできるのです。

現役営業コーチ・コンサルタントの私がトップ営業や大手企業に密かに教えている「極秘メソッド」をあなたにお伝えしますので、楽しみながら体得しましょう。

ここであなたにおねがいが、一つあります。

この本を読んで、「知識を習得して、終わり！」では意味がないはずです。日常で、ビジネスで、プライベートで、コミュニケーションをアップして幸せになりたいからあなたはここまで読んでいるはずです。

たとえば水泳でも、泳ぎ方を本で読んでも、すぐ泳げるようにならないじゃないですか。プールに「どぼん！」と飛び込んで手足をバタバタして練習して初めて泳げるようになりますよね。

同じようにこの本も、**SESSION②から各章にワークを用意したのでそれをやってから次の章に進んでいただきたいのです。**

私とあなたの一対一のコーチング、対話をイメージして、1日1セッションずつ進めていただくのが理想です。

コーヒーに入れた砂糖が溶けるのを待つように、セッションの内容とワークがあなたの体にゆっくり浸透していく時間を1日待ってから次の章に進んでもらえると嬉しいです。

ゆっくりとしたペースで、私とあなたのコーチングの時間を毎日楽しみにしてください。もちろん、毎日でなくても大丈夫。1日おきでも大丈夫です。1セッションを大切に数日かけて進めていただいても嬉しいです。

前置きが長くなってしまいましたね。では、スタートしましょう！

目次

SESSION ①

もう対人で悩まない！ タイプ別コミュニケーション

SESSION ②

ようこそ自己探求の世界へ

SESSION ③

SIX MENTAL READING　6タイプの特徴と傾向

SESSION ④

あの人の見分け方とコミュニケーション秘技

SESSION ⑤

SIX MENTAL READINGであの人がメロメロに！ MENTAL別コミュニケーション術・実践編①

SESSION ⑥

セールス力はあなたを自由にする！ MENTAL別コミュニケーション術・実践編②

SESSION ⑦

あなたが忘れているたった一つのこと

SESSION ①

もう対人で悩まない！タイプ別コミュニケーション

なぜ、世の中にはいろいろなタイプ別コミュニケーション術があるの？

今までも人を様々なタイプに分けて、アプローチする方法がありました。古典的なものですと、占い（四柱推命、星座、手相、血液型）があります。また、ユングという心理学者は著書『心理学的類型』で、人間を外向型と内向型の2タイプに分けたうえで、さらに思考・感情・感覚・直観の4タイプに分類しました。それが、現在の心理学、コーチングで教えられている原型になっています。

「人をタイプで分けるなんて機械的。そんな型通りなアプローチって意味がない」って、以前、友達に言われたんですが……

そのように言う方は、感覚（カン・センス）で理想の対人関係が築ける人が多いと思います。

この本でお伝えしたいのは、コミュニケーションに苦しみ、悩んでいるあなたに向けてのことなのです。

たとえば、吃音でどもってしまう人を、想像してみてください。その人はしっかり話そうと思えば思うほど、目の前の人が怖くなって結果、どもってしまうのです。その人に「怖くないから、落ち着いて話せば大丈夫だから」と言ってどのくらいの効果があるでしょうか？

もし、そんな抽象的で教科書的なアドバイスで話ができるなら吃音はとっくになおっていますよね。

同じように、対人恐怖症のために、会話の際に頭が真っ白になってフリーズしてしまう人に「目の前の人をしっかりと見て話しましょう」といったアドバイスも、いかに無意味で冷たいことかわかると思います。

そうです。一番ムズカシイのが観察することだからです。とっかかりがないと観ることすらできないのです。

また「『出身地』や『趣味』などの共通点を聞いて仲良くなればいい」ということを教える人もいますが、そもそもコミュニケーションが苦手な人は「共通点を聞くことができないいんですよ！　そこまで仲良くなれないいんですよ！」と思うはずです。

たとえば、飛び込みのセールスパーソン。飛び込んだ先の会社で、挨拶はできたけれどその後何を話せば良いかわからない。会社に帰って先輩に「どうしたらいいんですか？」と聞くも、「仲良くなるように話せばいいんだよ！」とのアドバイス。これ、どう思います？

そもそも、何を話せばいいかわからないから困っているんですよね（笑）

そうなんです。もう一度最初に戻りましょう。なぜ私たちは人を、タイプに分けることに興味を持っているのでしょうか？

うっすら自分と違う「ものの見方・考え方・感じ方」があることに気づいていて、それを知ることで、「あの人と上手にコミュニケーションしたい！」と思っているからではないでしょうか？

素晴らしいですね。「人間理解」ができるからコミュニケーションのスタートである「アプローチ」ができるのです。

広い人付き合いが苦手なクライアントさんが、今回紹介するSIX MENTAL

READINGを知って「『変なやつだなぁ』と思っていた人に対しても、『個性だから』って思えるようになった、理解できるようになった」とおっしゃってました。そういうことなのです。

もちろんこの切り口が、すべてではありません。目の前の人に一対一で、しっかり向き合うことが重要です。ただ、まったくとっかかりがないと話すこともできません。算数でも九九を覚えるように、このSIX MENTAL READINGをあなたのコミュニケーションの武器にしていただきたいのです！

それって「ストリートファイト（実戦）」で使えるの？
SIX MENTAL READINGとこれまでのタイプ別診断の違い

今までタイプ別診断に類するアプローチが数多くあったと思うのですが、SIX MENTAL READINGは、従来のものとどう異なるのですか？

あらゆるタイプ別診断がありますよね。4タイプだと実戦で使えないので、類型を増やした説がどんどん出てきていて、9分類や12分類、多いものだと24分類、36分類といったものまで、様々なメディアで紹介されています。

ビックリするぐらい多いです！　とてもできそうにありません（汗）

よくある16タイプに分ける性格診断などは、診断テストを受けないと結果がわかりません。社内でのコミュニケーションを円滑にするために、会社単位で受診するような活用法なら理解できますが、リアルなコミュニケーションの場で、相手に診断テストを受診してもらうことはできないですよね？

加えて、家族や親友ならまだしも、**付き合いの短い人を10以上のタイプのうち、どれかに分類することは極めて難しいことでしょう。**

目の前の人を10以上のタイプに分類することなんてできない！　と思ってしまいますし、それ以前に分類の数が多いと、そもそも分類の種類を覚えるだけで大変です

その通りだと思います。そこで、これから紹介するSIX MENTAL READINGは、その名の通り、6つのメンタル（深層心理的欲求のタイプ）を覚えて、それを活用できるようになれば良いのです。**基本となる6つのメンタル（タイプ）さえ覚えておけば、すぐに実践できます。**

お！　それならできそうです！

6メンタル（タイプ）については、次章から具体的に見ていきましょう。

「左利きの世界」

そういえば、加賀田さんはどうして、SIX MENTAL READINGをつくったんですか？

気になりますよね。では、お話しします。私は営業コンサルタントをしているとお話ししたと思います。コンサルティングの結果ビジネスでものすごく結果を出しているクライアントさんがあるとき、とっても落ち込んでいたのです。

「どうしたんですか？」とお聞きしたら「うちの子が不登校になっちゃって。どうしたら良いかわからないんです……」と悩んでいらっしゃったんです。

「お子さんは、どんなタイプなんですか？」と、これまでのタイプ別診断に当てはめてみたところ、なんと！　どのタイプにも当てはまらないことがわかったのです！


突然ですが、あなたは「右利き」ですか？

はい

では、「左利き」の人のことを日常で考えることはほとんどないと思います。なぜなら「右利き」が当たり前になっているからです。

「普通に学校にいって、普通に仕事をして……」というのが「右利きの世界」、いわゆる「多数派の世界」です。しかし、少数派の人たちもいて、理解されず苦しんでいたとしたらどうでしょう？

私は、現役の営業コンサルタントとして日々、格闘しているので、世のトップ営業が意識的・無意識的に相手に合わせてしているコミュニケーション術と、従来の「タイプ別」コミュニケーション術が違うことに気がつきました。

その中で、「左利きの世界」にいる人、つまり、少数派の気持ちを察することの重要性を痛感しました。

そして、人の気質を「憂鬱質」「胆汁質」「多血質」「粘液質」の4つに分類するシュタイナーなどの様々な理論を研究し、現代版の6つに発展・体系化させたのです。さきほどのクライアントさんも含め、実際にリアルな現場で成功している手法を、今、コミュニケーションに苦しんでいるあなたに、お話ししているのです。

SIX MENTAL READINGの5ステップ

ここから、SIX MENTAL READINGの5つのステップを説明します。

ステップ1：理解する

①6タイプのメンタル（深層心理的欲求）の特徴を理解する
②自分のメンタル（深層心理的欲求）を理解する
③実際のコミュニケーションの場で相手のメンタル（深層心理的欲求）を理解する

次のSESSION②の「深層心理テスト」をやっていただくことで、あなたの深層心理を分析します。そして、それ以降のセッションでは瞬時にあの人のメンタル（タイプ）を理解できるようにします。

ステップ2：共鳴し、つながる

コミュニケーションが成立するのは、発信と受信が同じチャンネルで行われたときです。ラジオを聞こうと思ったら、当たり前ですが、受信チャンネル（周波数）を合わせないと聞き取れません。まず、自分の受信チャンネルを相手のメンタル（タイプ）に合わせることで、あの人とつながることができるのです。

ステップ3：相手のメンタル（タイプ）に合わせて発信する

ドイツ人に日本語で一生懸命話しても伝わらないように、ドイツ人に話しかけるにはドイツ語で喋りますよね。同じように発信を他人に合わせる必要があります。

ステップ4：主導権を握る

相手のメンタルに合わせてアプローチすることで、「この人は私のことをわかってくれている、理解してくれている」と相手の聞く態勢をつくり、主導権を握れます。

ステップ5：動機づける（行動させる）

意識的・無意識的に「私のことを本当にわかってくれている人の言うことだからやってみよう」と思わせて、動機づけ、行動させる。

「**①理解→②共鳴→③発信→④主導権を握る→⑤動機づける**」

以上が、SIX MENTAL READINGの5ステップです。

SESSION ①

まとめ

SESSION①のふりかえりをしましょう。われわれは、血液型診断から始まって人をタイプに分けるというのが大好きです。それは**「人は自分と違うものの見方・考え方・感じ方をしているのに気づいていて、それを類型的に、カンタンに理解したい！」という欲求があるからです。**

そして、SIX MENTAL READING誕生のきっかけ。「右利き」の人が「左利きの世界」を考えないように、他のものの見方・考え方・感じ方があること。そして、営業コンサルタントとして、リアルな現場にいる私が、**ストリートファイト（実戦）の場でトップ営業が意識的・無意識的に使っている「どう喋るか？」というコミュニケーション術を体系化したところ、コミュニケーションに困っている多くの方が、セールス、ビジネス、プライベート面で劇的に変わったのであなたにシェアさせていただきます。**

最後は、SIX MENTAL READINGの5ステップです。

「【ステップ①】理解する　【ステップ②】共鳴し、つながる　【ステップ③】相手のメンタル（タイプ）に合わせて発信する　【ステップ④】主導権を握る　【ステップ⑤】動機づける（行動させる）」

さて、次のSESSION②から、あなたの深層心理を知るカンタンな心理テストを行ってみます。楽しみにしてくださいね。

SESSION ②

ようこそ自己探求の世界へ

心も進化している？

SESSION①では、人間をいくつかのタイプに分けて、コミュニケーションをする手法（星座、血液型 etc.）が古くから存在していることを再確認しました。

ご存じの方もいらっしゃると思いますが、古代インドからギリシャに伝わった4つのタイプ（胆汁質、多血質、粘液質、憂鬱質）に分けてアプローチする手法があり、現在のコーチングで4つに分ける手法（コントローラー、プロモーター、サポーター、アナライザー）など、様々な分類が発展したのです。

ちょっと話はそれますが、あなたはサザエさんのお父さんのご年齢をご存じですか？

なんかそれ、聞いたことがあります。意外と若いんですよね？（笑）

そうなのです、「54歳」です！　現在の54歳は、もっと若いですよね。つまり「見た目」も進化しているのと同じように、「心」も進化しているのです。

特にコロナ禍の前と後では、ビジネスやプライベートが大きく変わったという方も多いのではないでしょうか。それに伴い、「心」も意識的か無意識的か、進化しているのです。

では、最先端の深層心理分析でこれから体感してみましょう。

まずはあなたのメンタル（タイプ）をチェックしよう

これから10のカンタンな質問をします。「**各質問」にあなたが「最も当てはまるなぁ」と共感するもの一つに○をしてください。逆に「これはないな」と一番思うもの一つに×をしてください。**「こうありたい」という理想とか願望ではなく、直感的に「今のありのまま」を答えてください。質問によっては、「一つだけを選べない」というものがあるかもしれませんが、なんとか割り切って選んでください。

結果を、集計表（53ページにあります）に記入してください。

集計をよりカンタンにできるものをご用意しましたので、ＱＲコードからぜひアクセスしてください。

質問1　私が普段から心がけているファッションは？

A　こぎれいで清潔感があり、機能性を重視。あまりお金はかけない

B　人に違和感を与えず、自分も気持ち良くいられる全体として柔らかみのあるファッション

C　TPOに合った相手に失礼がない装い。流行に流されず、自分が価値があると思うものを身につける

D　「パッ」と人目をひくようなゴージャスで華麗にバシッと決めるファッション

E　自分が楽しい・面白いと思う個性的なファション。世間の評価はあまり気にしない

F　ファッションにあまりこだわりはない。あるものを着ていればいいという感じ

質問2　私が好んで行う会話や話し方は？

A　合理的、論理的、理論理屈を重視し淡々とした冷静な話し方
B　相手のことを気遣う微笑みを保ち、なごやかな雰囲気をつくるやさしい話し方
C　価値観を重視した議論や意見交換で熱意を込めた話し方
D　端的な言葉、言い切りの言葉で、相手をグイグイリードする話し方
E　擬音語・擬態語などを多用し、冗談や笑いを盛り込んだ、軽いノリの楽しい話し方
F　深い内面世界の交流を求め、口数は少なく静かな話し方

質問3　私がよく口にする違和感のない言葉は？

A　論理的枠組みに関する言葉
（情報・いつ・何を・どのように・事実・根拠・理屈・明確に・分類・分析・機能的・客観的・

計画・段取り・効率・優先順位・責任）

B　心情や感情に関する言葉

（〜と感じる・〜という気持ち・幸せ・嬉しい〜・悲しい・かわいい・気持ちいい・かわいそう・仲良く・一緒に・気配り・思いやり・親しみ・心配）

C　自分の意見を述べる言葉

（私の意見では〜・〜すべき・〜すべきでない・確信する・価値がある・敬服・使命感・コミットメント・信頼・貢献・〜の道・筋を通す・義理・こだわり・本物）

D　端的な言葉

（要点は・結論から言うと〜・チャレンジ・やってみないと始まらない・今がチャンス！・見ればわかる・手っとり早く・〜したほうが得・一か八か・〜して！）

E　感情や感動を表す言葉

（〜がスキ！・〜はキライ・〜したい！・〜したくない・面白そう！・つまんな〜い・かっこいい！・かっこわる・すごーい！・ワクワク・ドキドキ・イエ〜い！）

F　心の中で思う。あまり口に出さない

（私のペースで・ゆっくり時間をかけて・のんびりと・自分の時間・自分を見つめて・そういえば～みたいだ・波風を立てずに）

質問4　私が大事にしている姿勢は？

A　事実に基づき、物事を筋道立てて論理的・合理的に考えること

B　思いやりを持ち相手を気遣い、人との調和を大事にすること

C　自分の意見、信念、価値観を重要視すること

D　チャンスを逃さず、状況によってはリスクを負ってでも望むものを手に入れるよう行動すること

E　楽しく遊び心を持って、活発に楽しみを見つけること

F　現実から離れ、自分の内面で空想にふけること

質問5　私は「○○」な友人といることを好む

A　自分の勤勉さ、責任感、計画性のある時間の使い方を理解してくれる人

B　思いやりがあり、自分のことを温かく受け入れて大切にしてくれる人

C　自分の信念や意見、価値観を尊重してくれる人

D　刺激を求め、冒険心や競争心をかき立てられることへのチャレンジ精神が旺盛な人

E　創造力があって、楽しいことが大好きで、やりたいことをやっている人

F　必要以上に干渉せず、自分だけの時間や空間、自分の世界、内面を守ってくれる人

質問6　優れたリーダー・上司像を想像するとしたら？

A　責任感が強く、部下を適正に扱い、教育し、組織化する能力を持った人

B　和やかな雰囲気と仲間意識を大切にし、愛情と思いやりを持って部下に接する人
C　我々が信じられるモラルや道徳基準を持ち、一本筋の通った信頼のできる人
D　チャンスを掴むために、ルール・規則にとらわれず人をぐいぐい引っ張っていく人
E　自分らしくのびのびした雰囲気をつくり、独創的な才能を認めてくれる人
F　明確な指示と安全で安定したシステムを提供して、必要以上に干渉しない物静かな人

質問7　人生において私が探し求めるのは？

A　自分の計画通りに仕事や学業を達成し、評価・承認を受けること
B　ひとりの人間として受け入れられること
C　自分の生き方の姿勢・使命感・信念が賞賛され尊敬されること
D　思わず飛びつきたくなるようなエキサイティングなスリルが頻繁に起こり興奮す

ること

E 周囲の人とユーモアあふれる楽しい交流や、ワクワクしたものにふれあい楽しむこと

F 現実世界の雑事や他人からの干渉から距離をとり、自分だけの空間や時間を持つこと

質問8 私は「○○」と言われたらとても嬉しい

A とても良い仕事をされました。責任感が強くアドバイスも的確で、頼りになります

B 温かくて思いやりがあり、心がなごみます。ひとりの人としてあなたが大切です

C あなたの真摯で妥協のない誠実な姿勢には、本当に敬服します

D 行動力があって逆境に強く、魅力的。あなたは特別です！

E ユーモラスで明るく、独創的、一緒にいてとっても楽しい！

F　深い自分の世界を持った、穏やかで冷静な人。自分だけの時間を大切にしてください

質問9　私が買いたいものは？

A　実用的なもの。用途を果たすもの
B　心が癒やされるような心地よいもの
C　伝統ある老舗でつくられたもの。優れた職人技と品質を兼ね備えているもの
D　魅力的で、実際よりも高価に見えるゴージャスなもの
E　ユーモアのセンスにあふれた面白く、楽しく変わったもの
F　提案されたもの、自分のニーズを満たしている落ち着くもの

質問10　私が興味を持っている商品の説明を聞こうと思うセールスパーソンは？

A　十分な商品知識を持ち、商品特性を理路整然と説明し、私の質問に的確に対応できる人

B　心のこもった思いやりのある親身な態度で、人間的にやさしく接してくれる人

C　信念を持って商品の価値について話す誠実さと、ものの価値を正当に評価できる信頼できる人

D　話は要点だけにして、形式にとらわれず魅力的な「良い」取引をしてくれる人

E　ユーモアを交えて、購入を楽しく面倒なものでないものにしてくれる人

F　自分のペースで考えたり判断したりする余裕を持たせてくれて、最低限の説明だけで世話を焼かず放っておいてくれる人

〈自分（あなた）を知るための地図・ガイド〉

あなたは何メンタル（タイプ）？

では、左ページ上の集計表に記入していきましょう。次に、左ページ下のレーダーチャートにも記入してください。Ａ～Ｆまで○の個数を入れていき、六角形になるように点と点を結びましょう。

○があなたが活発に使っているメンタルです。どのメンタルが優れているというわけではありません。そのメンタルが今、多く使っているメンタルということです。逆に、×はあなたが使っていないメンタルです。

Ａが思考論理メンタル、Ｂが心情思いやりメンタル、Ｃが意見価値メンタル、Ｄが挑戦競争メンタル、Ｅが楽しみ好奇心メンタル、Ｆが内省想像メンタルです。わかりやすく色分けしていますので、４ページにある図を参照してください。

質問の回答結果を記入しよう

◉〇×の数

×の数						〇の数					
F	E	D	C	B	A	F	E	D	C	B	A
個	個	個	個	個	個	個	個	個	個	個	個

◉レーダーチャート

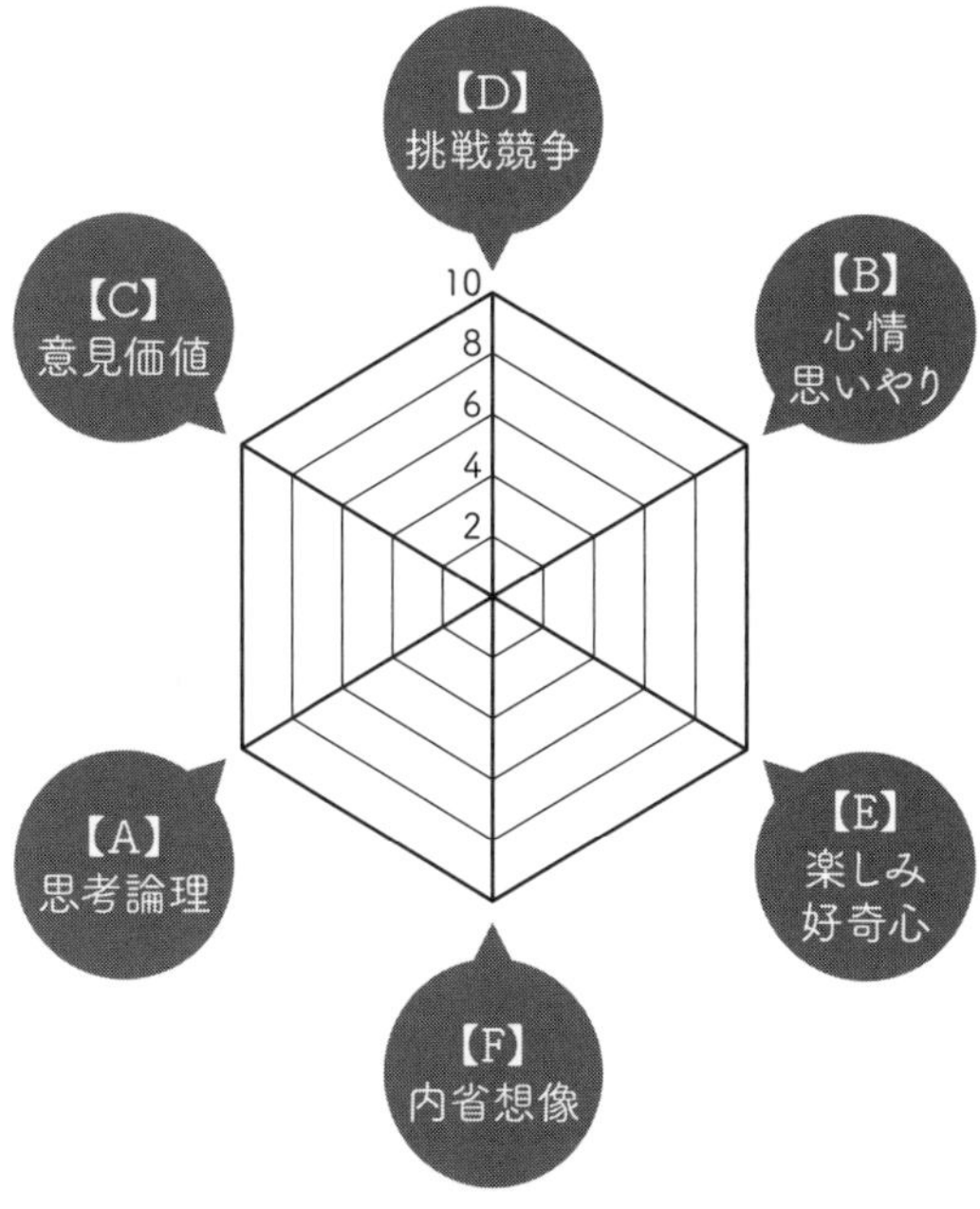

同じメンタル（タイプ）でも濃さがある

色に濃さがあるように、メンタルにも濃さがあります。

たとえば、次のセッションでご説明しますが、イチロー氏は思考論理メンタルが強い人なのですが、普通の思考論理メンタルと比べてめちゃくちゃ濃いです。

現役時代、彼が効果効率のために毎日お昼、同じカレーを食べていたのは有名です。私、加賀田も思考論理メンタルですがそこまではしません。イチロー氏のその追求度を見ると、とても強い思考論理メンタルの持ち主だとわかります。

もしかしたらあなたは、ゲーテの「色彩環」をご覧になったことがあるかもしれません（4ページ参照）。

黄はオレンジを経て赤へ、青は紫を経て赤へ、それぞれが新たなエネルギーを得ています。ゲーテの「色彩環」は、人が色を認識する方法を示しているだけでなく、色のつながりが新たな力を生み出すことを表しています。

メンタルも同じです。他のメンタルと混ざりあっている場合もあるし、年齢で変化する場合や、ビジネス・プライベートなどＴＰＯに合わせて変化する場合もあるのです。

あなたが苦手なメンタル（タイプ）は？

必ずしも断言はできませんが、多くの場合、○が多いメンタルの人は得意な可能性が高いです。逆に、×が多いメンタルの人は苦手な可能性が高いです。

次のセッションで具体的に各メンタルの特徴をお話ししますので、ご自身がコミュニケーションしやすい人、苦手な人を振り返ってみてください。

多くの方が「あー、あの人が苦手だったのは、自分が苦手なメンタルだったからなんですね！」とおっしゃいます。そして、このSESSION②も最後になりますが、Googleのロゴの色や、五輪カラーを思い出してください。

世の中には様々な考えがあり、様々な人がいます。**どのメンタルが優れていて、どのメンタルが劣っているということではなく、すべてのメンタルが素晴らしいことを**

強調しておきます。

SESSION
②

まとめ

SESSION②では、あなたの深層心理を知るための心理テストをやっていただきました。６つのメンタルがあること、同じメンタルでも人によって濃さがあること、同じ人でも年齢によって変わってくる人もいること、ＴＰＯで変わること、そして自分の苦手なメンタルがいることなどを学びましたね。

基本の6つのメンタルさえ覚えておけば、たとえば２つのメンタルを優位に活用している人の組み合わせも6×6＝36通りになります。つまり、あなたは世のトップ営業が行っているコミュニケーション術を体得できるのです。

知識は過去のものです。どんなに小さくても行動が、あなたの未来を変えます。

たとえば、誰かのことを考えていたら、その人から突然電話がかかってきたり、そういった不思議な経験をされたことはないですか？

「ユングの集合的無意識」ではないですが、潜在意識は深いところでつながっています。

私は、あなたのことを深いところで応援しています。深層心理テストは5分ぐらいでできますので、まだの方は次のセッションに進む前にぜひチャレンジしてくださいね。

さて、次のセッションからは各メンタルの特徴を有名人などを例にお伝えします。ご期待ください。

SESSION ③

SIX MENTAL READING
6タイプの特徴と傾向

まずは6タイプの特徴と傾向を知ろう

私は、台本営業®コンサルタントとして、企業から、保険業界や不動産業界などの様々なセールスパーソンを指導している中で、コミュニケーション能力に優れた人の代表格ともいえる**「トップ営業」が、意識的・無意識的に行っている相手を分類する技術**に気づきました。

それが、SESSION①でご紹介した、6つの深層心理的な欲求（SIX MENTAL）に合わせてコミュニケーションする（READING）という技術です。

それをご自身で体感していただくために、SESSION②で深層心理自己分析シートをご用意しました（53ページ）。診断結果は、いかがだったでしょうか？

5分ほどでできますので、ぜひやってみてくださいね。

自分の診断結果が出たのですが……どのタイプがよいのでしょうか？

前にも言ったように、どのタイプが良くて、どのタイプがダメということはありません。

そして、私たちはすべてのメンタル（タイプ）を持ち合わせています。思考論理メンタル（シンカー）の人だって、心情思いやりメンタル（ハーモナー）の要素だったり、意見価値メンタル（ビリーバー）の心理的欲求（メンタル）を持っています。その中で、自分がどのタイプに一番近いのかを把握することで、自分の強み・弱み、特徴などがわかります。

目の前の人がどのタイプかを瞬時に見抜く具体的なメソッドは、次のセッションで行いますので、**まずは、自らのタイプの特徴と傾向を把握し、自己分析やメンタルコントロールに役立ててみましょう。**SESSION③では、タイプ別診断の結果を踏まえた上で、6タイプの特徴と傾向などを解説していきます。

思考論理メンタル（シンカー）の特徴と傾向

思考論理メンタル（シンカー）は、何事もロジカルに考えることが特徴です。事実・論理に基づき対象を分類・判別する傾向があります。

有名人では、イチロー、勝間和代、羽生善治らがシンカーに挙げられます。

シンカーは、論理的・合理的な思考と事実に基づいた客観的な判断力に優れており、効率的・合理的なパターンやルールをつくるのが得意です。

また、計画立案力や事前準備力などにも優れており、情報収集をし、それを披露するのが好きな人が多いといえます。

カンタンにまとめると、「**合理的、計画的、責任感が強い人**」と表現できます。

「シンカー」はこんな人！

おもな特徴

論理的・合理的に物事を考える

話し方

無表情で冷静に話し、質問をすることが多い

よく使う言葉

「〜と考える」「〜と理解できる」「データ」「効率」「事実」

外見（ファッション）

紺や白などの機能的なものを選び、特にお金はかけない

心情思いやりメンタル（ハーモナー）の特徴と傾向

心情思いやりメンタル（ハーモナー）は、他人の心情を思いやる気持ちが多いことが特徴で、頭より「心」で感じる傾向があります。

有名人では、笑福亭鶴瓶、ペ・ヨンジュン、関根勤らがハーモナーに挙げられます。

ハーモナーは、他人の気持ちを大事にしていたわるため、人の心を受け止める力、共感力に優れています。自分よりも相手のことを優先するやさしさがあり、家族や友人との人間関係をとても大事にするので、雰囲気・環境・居心地づくりに敏感です。

カンタンにまとめると、「**人の心を大切にする、思いやりにあふれている、繊細で温かい人**」と表現できます。

「ハーモナー」はこんな人！

おもな特徴
他人の心情を察し、感受性が豊かで人間関係を大切にする

話し方
柔らかみのある微笑を浮かべ、ソフトな口調

よく使う言葉
「～と感じます」「私の気持ちは～」「嬉しい」「悲しい」「一緒に」

外見（ファッション）
人を不快にさせないコーディネート。柔らかいトーンの色や、肌にしっくりくるものを好む

意見価値メンタル（ビリーバー）の特徴と傾向

意見価値メンタル（ビリーバー）は、自分の意見、価値観、信念に従って判断・評価することが特徴です。人間や物事をとらえるときは、まず自分なりの意見を掲げ、生活の中で強いこだわりを持つ傾向があります。

有名人では、キング牧師、坂本龍馬、デヴィ夫人らが挙げられます。

ビリーバーは観察力が鋭く、物事の本質を見抜く力があります。自己成長欲、自己研鑽欲も高く、努力を惜しみません。

また、自分の意見を積極的に述べ、尊敬しているものや価値を認めたことに対しては、とても献身的に取り組みます。

カンタンにまとめると、「**信念を持ち、筋が通っている人**」と表現できます。

「ビリーバー」はこんな人！

おもな特徴

生活する中で自分の理念・価値観に重きを置く

話し方

真剣な、自信に満ちた表情で力強く話す

よく使う言葉

「〜すべき・〜すべきでない」「価値がある」「コミットメント」「使命（ミッション）」「絶対に」

外見（ファッション）

流行に流されることなく、自分が強く価値を感じる、こだわりのものを身につける

挑戦競争メンタル（チャレンジャー）の特徴と傾向

挑戦競争メンタル（チャレンジャー）は、決められたノルマをコツコツこなすのではなく、ここぞという場面で集中力を発揮するのが特徴です。プロセスよりも結果を重視し、短期間で大きな成果が表れる仕事に喜びを感じる傾向があります。

有名人では、市川海老蔵（現・團十郎）、千葉真一、大門未知子（ドラマ「ドクターX」の主人公）、ジェームズ・ボンドらがチャレンジャーに挙げられます。

チャレンジャーは、損得勘定に長け、チャンスに対する嗅覚が鋭く、リスクを恐れない度胸の良さと行動力を持っています。また、人を行動に駆り立てる交渉力・説得力に優れており、異性にモテるタイプともいえます。

カンタンにまとめると、「**挑戦心にあふれ、度胸がある人**」と表現できます。

「チャレンジャー」はこんな人！

おもな特徴
行動力があり、挑戦や競争を好み、リスクを恐れない度胸がある

話し方
単刀直入に話し、言葉が端的。「私は他の人とは違う」という雰囲気を持っている人が多い

よく使う言葉
「行動あるのみ」「まずやってみよう」「結論から言うと」「要は」「一か八か」

外見（ファッション）
ビシッと決めて、人目をひくようなゴージャスで派手なファッションやアクセサリーが好き

楽しみ好奇心メンタル（ジョイナー）の特徴と傾向

楽しみ好奇心メンタル（ジョイナー）**は、「好きか嫌いか」で反応する場面が多いことが特徴です。**思考をじっくり巡らせたりするよりも、まず最初に、「やりたいか、やりたくないか」反応をし、人生に楽しさを求める傾向があります。

有名人では、ウォルト・ディズニー、長嶋茂雄、明石家さんまらが挙げられます。

ジョイナーは、直感やひらめきが鋭く、楽しいことを求め、やりたいことを実行する強さがあります。また、自由で柔軟な発想力を持っています。

カンタンにまとめると、「**自分流の楽しさを追求する、アイデアにあふれている人**」と表現できます。

「ジョイナー」はこんな人！

おもな特徴

頭で考えるよりも自分がやりたいことをやりたいときにやる

話し方

表情豊かで喜怒哀楽の感情をストレートに表す

よく使う言葉

「好き！」「嫌い！」「すごい」「ワクワクする！」「〜したい！・〜したくない」「つまらない」

外見（ファッション）

直感で、「好き」「面白い」と思ったものを買って身につける。他人の目はあまり気にしない

内省想像メンタル（イマジナー）の特徴と傾向

内省想像メンタル（イマジナー）は、何事もいったん自分の中に取り込み、反芻・内省することが特徴です。想いにふける時間と空間を求め、静かに一人でいることを好む傾向があります。有名人では、アルベルト・アインシュタイン、宮崎駿、又吉直樹、井上雄彦（「SLAM DUNK」の作者）らが挙げられます。

イマジナーは、穏やかで物静かで、豊かな想像力を持っています。感情的になることも少なく、客観的で冷静な判断を下せます。

また、明確な指示があれば、単調な作業を黙々とこなすことも苦にしません。

カンタンにまとめると、**「思慮深く、内面が豊かで、想像力豊かな物静かな人」**と表現できます。

「イマジナー」はこんな人！

おもな特徴

落ち着きがあり客観的。自分も含めた全体を俯瞰できる

話し方

口数が少なめ。淡々と静かに話す。自ら会話の主導権は握らない

よく使う言葉

「自分のペースで」「〜みたい」「そういえば〜」「ちょっと待って」「何をすれば良いか、教えてください」

外見（ファッション）

洋服や身につけるものに、あまりこだわりを持たない。着られればOK

それぞれのタイプに当てはまる人を考えてみよう！

さて、ここまでSIX MENTAL READINGに基づいた6タイプの特徴と傾向を見てきました。いかがでしたか？

自分のタイプがよくわかりました！ また、それと同時に、自分のものの見方が当たり前だと思っていたので、別のとらえ方があることにびっくりしました。他のタイプの特徴と傾向を見て「あの人このタイプかも！」というのがスゴくありました！ 単純すぎず、複雑すぎないスゴイ分類ですね！

そうですよね！ では、ここからワークをしてみましょう。

有名人でもいいですが、家族、友人、パートナー、同僚など、あなたのまわりの人がどのタイプに該当するか、次ページの図に記入してください。

もちろん１００％、そのタイプに当てはまるという人はいません。このタイプの特徴が強く出ているな、多いなと思う人を挙げてみてくださいね。

まわりでそれぞれのタイプに当てはまる人を考えてみよう

◉思考論理メンタル（シンカー）だと思う人は

◉心情思いやりメンタル（ハーモナー）だと思う人は

◉意見価値メンタル（ビリーバー）だと思う人は

◉挑戦競争メンタル（チャレンジャー）だと思う人は

◉楽しみ好奇心メンタル（ジョイナー）だと思う人は

◉内省想像メンタル（イマジナー）だと思う人は

SIX MENTAL READING　4つの注意点

人を6タイプに分類するSIX MENTAL READINGですが、注意点が4つほどあります。

繰り返しにはなりますが、まず最初に伝えたいのは、「**どのメンタルが優れていて、どのメンタルが劣っているということではない**」ということ。

SESSION②でもお話ししましたが、どのメンタルも素晴らしいのです。

そして、私もあなたも6つのメンタルを持っています。**どのメンタルを意識的・無意識的に「優先的に活用しているか？」という違いなのです。**

50％・50％で、あとのメンタルをほとんど活用していない人もいれば、たとえば75％がビリーバー、15％はチャレンジャー、残り10％はビリーバー……という配分で主に3タイプを使っている人もいれば、6タイプすべてをバランス良く使っている人もいます。

前にも言いましたが、次に気をつけてほしいことは「**メンタルにも濃さがある**」こと。

たとえば「ビリーバー」の要素が強い人でも、キング牧師や坂本龍馬ほどビリーバーな人は、なかなかいないのではないでしょうか。

メンタルには濃淡があります。**そしてもちろん、濃いから優れている、薄いから劣っている、というわけではありません。**

続いて注意してほしいポイントは、「**TPOによって現れるメンタルが違う**」ということです。

ビジネスとプライベートで、メンタルが異なる場合があります。もともとシンカーの特徴が強い人でも、仕事で接客をする際には、ハーモナーを活用している場合もありえます。

「どれが自分なのだろうか……」と悩む必要はまったくありません。シンカーな自分も、ハーモナーな自分も、どれもあなたなのです。

最後に覚えておいてほしいのが、**「後天的にそのメンタルを伸ばすことができる」**点です。

たとえば、今あなたが新しいことにチャレンジするのであれば、「自分の中のチャレンジャーを引き出そう！」とか、芸術作品などをつくる場合には、「イマジナーの力をより出すぞ！」など、**この場面ではこのメンタルを活用しようとすることで、意図的に普段活用していないメンタルを鍛えることができます。**

自分のメンタルの特徴と今の仕事が合っていないのではないだろうか、まったく向いていないのでは……？　と思ったとしても、もしあなたが、その仕事を続けたいのならば、無理にやめる必要はありません。

それぞれのメンタルは一生変わらないものではなく、後天的に伸ばせます。いまの自分を診断し、これから足りていないと感じる部分を意識的に補っていけばいいのです。

SESSION ③

まとめ

さて、ここでは、6タイプの特徴と身近な人がどれに当てはまるかを考えてきました。そして、注意点もお伝えしました。ちなみに、私、加賀田はシンカーです。

なんとなくわかります！　ちなみにこの前、知り合いがSNSで「自分の理想のために死にたい！」っていう投稿をしていて、この人「意見価値メンタル」が強いなって思いました！

身近な例で考えるのはとても良いですね。SESSION④では、どのタイプかを一瞬で見抜く方法とタイプ別にどのようなコミュニケーションをとればいいのか、対策をお伝えしていきますね。

SESSION ④

あの人の見分け方とコミュニケーション秘技

ビジネスでSIX MENTAL READINGはどう活用されているのか？

SIX MENTAL READINGはあまりにも強力なスキルなので、再度、注意をさせていただきたいのですが、このスキルは人間関係（信頼関係）を構築する上でのとっかかり（切り口）と考えてください。目の前の人を6つに「枠付け」するのが目的ではありません。**一番重要なことは、目の前の人をしっかり見る・感じる・寄り添うということです。**

そして、このセッションから、よりわかりやすくするために思考論理メンタルが強い人を「シンカーさん」、心情思いやりメンタルを「ハーモナーさん」、意見価値メンタルを「ビリーバーさん」、挑戦競争メンタルを「チャレンジャーさん」、楽しみ好奇心メンタルを「ジョイナーさん」、内省想像メンタルを「イマジナーさん」と呼んでいきます。

さて、私たちは、無意識に使いやすいプロセスを使ってコミュニケーションをしています。それを解くカギが「5《ファイブ》 BEHAVIORAL《ビヘイビアラル》 CUES《キューズ》」です（特にワードは最大のヒントになります）。

BEHAVIORL CUES①：ワード（言葉遣い）
BEHAVIORL CUES②：話し方（声のトーン・間・抑揚・息遣い）
BEHAVIORL CUES③：表情
BEHAVIORL CUES④：動作（うなずき・身振り手振り）
BEHAVIORL CUES⑤：雰囲気（姿勢・服装等）

コロナ禍以降、オンラインでのコミュニケーションが発達したので、「直接会わなくてもいいや！」と思う方もいらっしゃるのですが、やはりその人を正しく理解するには、直接会うことも大事だと思います。

シンカーさんにささる商品は？

さて、質問です。シンカーさんが大好きなテレビＣＭってどんなものが思い浮かびますか？

「玄関開けたら2分でご飯」ってＣＭ、昔、あったそうですね！

30年ぐらい前のＣＭですね（笑）。２分という数字が思考論理メンタルに響きますね。
このＣＭがわからない方はネットで検索してみてくださいね。
では、シンカーさんが大好物な雑誌（号）や書籍をご紹介します。その雑誌全号ではなく、あくまでもこの号の表紙を注目してくださいね。

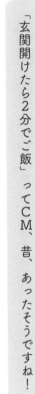

シンカーさんが好きな雑誌・書籍【例】

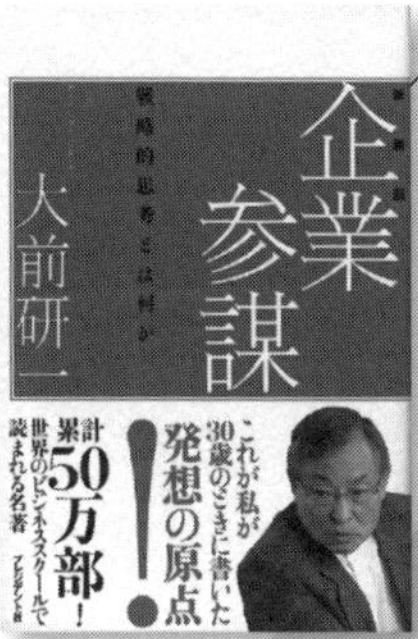

『企業参謀』
（大前研一著）
プレジデント社

『問題解決』
（高田貴久／岩澤智之著）
英治出版

『勝間和代の
ビジネス頭を創る
7つのフレームワーク力』
（勝間和代著）
ディスカヴァー・トゥエンティワン

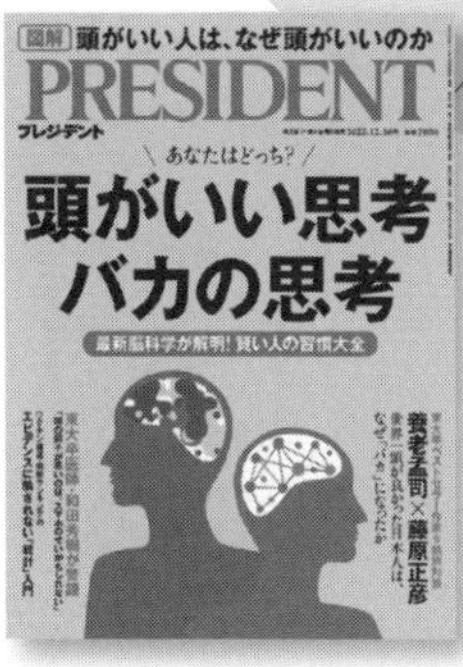

「プレジデント」
（2022年12月16日号）
プレジデント社

『思考の整理学』
（外山滋比古著）
筑摩書房

ハーモナーさんにささる商品は？

さて、次はハーモナーさんが好むテレビCMは何か思い浮かびますか？

保険会社のCMの多くは、大切な人に寄り添っていることをアピールしている印象があるので、ハーモナーさんが好きそうじゃないでしょうか？

そうですね。感情に寄り添う系の保険会社のCMはハーモナーさん向けですね。

では、ハーモナーさんが好む雑誌（号）や書籍を紹介します。どこがハーモナーさん向けか考えてみてくださいね。

ハーモナーさんが好きな雑誌・書籍【例】

『「繊細さん」の本』
（武田友紀著）
飛鳥新社

『賢者の贈り物』
（O・ヘンリー著／小川高義訳）
新潮社

『てつおとよしえ』
（山本さほ著）
新潮社

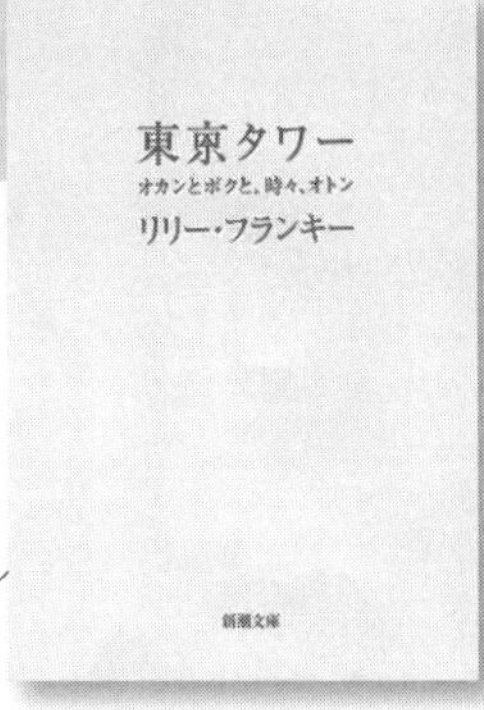

『東京タワー』
（リリー・フランキー著）
新潮社

ビリーバーさんにささる商品は？

では、ビリーバーさんの心理的欲求を満たすテレビCMを考えてみましょう。

ユニセフのCMはいかがでしょう？「世界中の苦しんでいる子供を助けたい」という使命感、理念に満ち溢れてると思います

まさに。では、ビリーバーさんの心理的欲求を満たす雑誌（号）や書籍を見てみましょう。

ビリーバーさんが好きな雑誌・書籍【例】

『禅』
（鈴木大拙著／工藤澄子訳）
筑摩書房

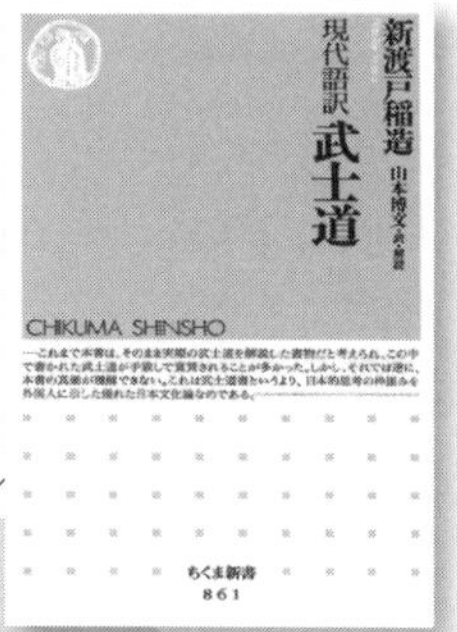

『現代語訳 武士道』
（新渡戸稲造著／
山本博文訳）
ちくま書房

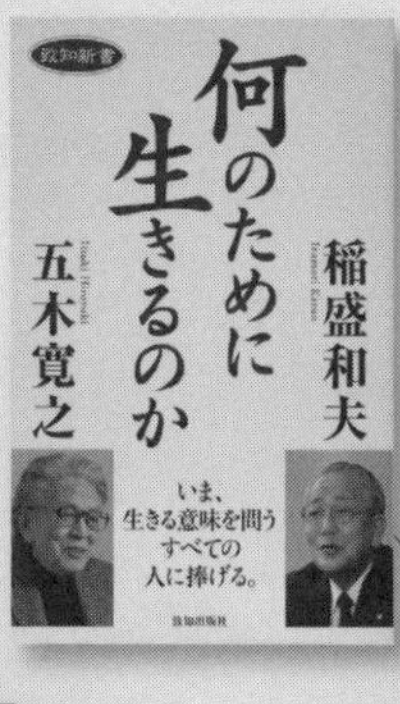

『何のために生きるのか』
（五木寛之／稲盛和夫著）
致知出版社

「FRaU」
（2023年5月号）
講談社

『プロに近づくための
パンの教科書』
（堀田誠著）
河出書房新社

チャレンジャーさんにささる商品は？

次は、チャレンジャーさんの心理的欲求を満たすテレビCMを思い浮かべてください。

リポビタンDです！　「ファイト！」「イッパーッツ！」と叫んでいる印象が強いです

おー、あのCMインパクトありますよね（笑）。では、今度はチャレンジャーさんが好む雑誌（号）や書籍を見てみましょう。

チャレンジャーさんが好きな雑誌・書籍【例】

『20代を無難に生きるな』
（永松茂久著）
きずな出版

『自分を安売りするのは“いますぐ”やめなさい。』
（岡崎かつひろ著）
きずな出版

『太陽にほえろ!』
（岡田晋吉編集）
筑摩書房

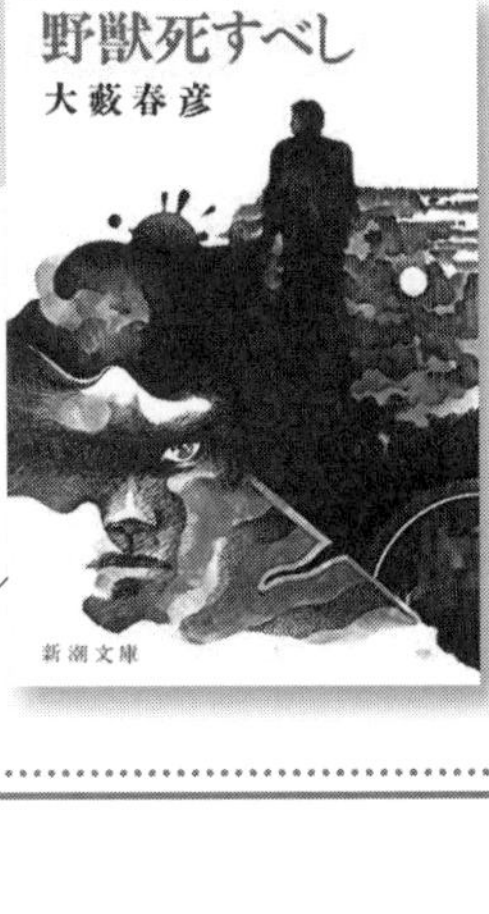

『野獣死すべし』
（大藪春彦著）
新潮社

ジョイナーさんにささる商品は？

こんどはジョイナーさん向けのテレビCMを考えてみましょう！

タケモトピアノのCMではないでしょうか。「もっと、もっと、タケもっと！」ってピアノの上で軽快におどるCMありました！

そうですね！　見ているこっちも楽しくなるようなCMですね！　では、ジョイナーさんの欲求を満たす雑誌（号）や書籍を見てみましょう。

ジョイナーさんが好きな雑誌・書籍【例】

「egg」
（2023SPRING）
大洋図書

『夢をかなえるゾウ1』
（水野敬也著）
文響社

『うん古典』
（大塚ひかり著）
新潮社

『モテるかもしれない。』
（カレー沢薫著）
新潮社

イマジナーさんにささる商品は？

最後に、イマジナーさん向けのＣＭはありますか？

映画「イマジン」の告知ＣＭだと思います。リスボンの視覚障害者診療所を舞台にした映画です

なるほど。私も検索してＣＭを見てみました。目に見えないイメージ世界を表現した素敵な映画のようですね。では、イマジナーさん向けの雑誌（号）や書籍を見てみましょう！

イマジナーさんが好きな雑誌・書籍【例】

「スピン／spin」
（第2号）
河出書房新社

「ユリイカ」
（2023年2月号）
青土社

『変身』
（フランツ・カフカ著／
高橋義孝訳）
新潮社

『つげ義春：
夢と旅の世界』
（つげ義春ほか著）
新潮社

「映画芸術」
（481号）
編集プロダクション映芸

ワーク

他にも身近な例を考えてみよう！

ここまで身近な例としてCMや雑誌を見てきました。どうでした？

ハーモナーさん向けの心情や気持ちを大切にする雑誌は女性向けが多いかなと思いました。また、チャレンジャーさん向けの雑誌は男性向けが多いような気がします

そうですね。チャレンジャーさんが好きな格闘技の雑誌は男性向けだったりしますから、たしかにそのような傾向はあるかもしれませんね。

では、他にSIX MENTALがどのように活用されているか、ご自身で考えてみましょう！

身の回りのメディアでそれぞれのタイプが好きそうなものを考えてみよう①

◉シンカーさん向けだと思う雑誌、CM、チラシ、広告は

《雑誌》

《CM》

《チラシ》

《広告》

◉ハーモナーさん向けだと思う雑誌、CM、チラシ、広告は

《雑誌》

《CM》

《チラシ》

《広告》

◉ビリーバーさん向けだと思う雑誌、CM、チラシ、広告は

《雑誌》

《CM》

《チラシ》

《広告》

身の回りのメディアでそれぞれのタイプが好きそうなものを考えてみよう②

◉ チャレンジャーさん向けだと思う雑誌、CM、チラシ、広告は

《雑誌》

《CM》

《チラシ》

《広告》

◉ ジョイナーさん向けだと思う雑誌、CM、チラシ、広告は

《雑誌》

《CM》

《チラシ》

《広告》

◉ イマジナーさん向けだと思う雑誌、CM、チラシ、広告は

《雑誌》

《CM》

《チラシ》

《広告》

トップ営業はどのタイプかを一瞬で見分けている

実は、年間何億円もの売上利益をつくるようなトップ営業は、一瞬でお客様がどのタイプかを見分けています。そしてそこから、タイプごとにセールス方法を変えているのです。

まずそれにならい、どのタイプか見分ける方法を学んでいきましょう。

内面についてはなかなかわからないところもありますが、口ぐせや話し方は一目瞭然ですので、外見部分の特徴から観察していくことがおすすめです。細かい特徴を表にまとめてみたので、ご参照くださいね。

シンカーさんの見分け方

まず、シンカーさんの特徴を復習しましょう。

はい。シンカーさんはなんか頭の良さそうな感じのする人です。話し方は、淡々としていて、ちょっと冷たく感じるときがあるかも

そうですね。シンカーさんの話し方は抑揚がありません。情報収集が大好物なので質問が多いのが特徴です。シンカーさんがよく使うワードは「誰が?」「いつ?」「何が?」「なぜ?」、「整理」、「明確に」、「論理的に」、「合理的」、「機能的」、「実用的」など。詳しくは次のページの表を見てくださいね。

シンカーさんの見分け方

物事のとらえ方	【頭】で考える
特徴	名刺に資格が印字(レベルアピール)
	携帯の壁紙は初期設定か機能重視
	パターン化した行動をとることが多い
	Googleカレンダーなどを活用し緻密な計画を立てる
	ながら作業が好き(時間効率が良い)
	TODOリストを活用する
話し方	超淡々とした話し方で冷たく感じる
	抑揚もなく、感情的でもない
	質問が多い
	時間、感情、人数など情報収集が大好物
口癖	誰が?、いつ?、何が?、どのように?
	どこで?、なぜ?、どういう意味で?
	~と考えます、~と理解します
	きちんと、整理、明確に、論理的に
	合理的、機能的、実用的、客観性、根拠
	事実、現状、データ、数字、情報
	効率、責任、分類、分析、理屈
	全体像、手順、枠組み、プロセス
	時間、優先順位(プライオリティ)
	予定、次元(が違う)

ハーモナーさんの見分け方

さて、次はハーモナーさんの特徴を復習しましょう。

一言で言うとやさしい感じの方かな。目尻が下がっていて、やさしい口調で自分を出さず周囲を気にするような。スマホの壁紙が家族の写真とか癒やし系とか！

その通りです。ハーモナーさんはフィーリングを大切にするのです。豊かな感受性で他人の心情を察することができるので、グループの中で調和をつくりだし、温かい印象を与えます。よく使うワードは「〜と感じる」「私の気持ちは〜」「嬉しい」「悲しい」など。では、ハーモナーさんの特徴を一覧で見てみましょう。

ハーモナーさんの見分け方

物事のとらえ方	【心】で感じる
特徴	スマホの壁紙は家族の写真か癒やし系
	柔らかい色合いの服装
	清潔感を意識した化粧、髪型、服装、爪
	決断には周囲の同意を求める
話し方	やさしい口調、気遣いのある会話
	あまり自分を押し出さない
口癖	〜のことが心配、かわいそう
	気分、心、かわいい、素敵、やさしい
	嬉しい、悲しい、寂しい、幸せ
	〜と感じる、私の気持ちは〜
	家族、友達、親友、愛、愛情
	和、つながり、絆、ハーモニー、思い出
	一緒に、仲良く、親しみを感じる
	ほっとする、心地よい、いい雰囲気
	いい香り、美味しい、さわやかな感じ
	ぬくもりを感じる、ゆったりとした気分
	心配り、思いやり、気遣い

ビリーバーさんの見分け方

では、意見価値メンタル（ビリーバーさん）の特徴を挙げてみてください。

ブレない強い意志を持って、眼力が強く、がっつり目を見てくる人。こだわりの品、職人や伝統芸を感じさせるものが大好きな人！　坂本龍馬のような信念の塊みたいな人です

そうですね。ビリーバーさんは自分の価値観や信念に従って判断・評価します。ビリーバーさんの中には、「目を逸らして話す奴は信用できない」と考えたりする人もいます。また、会話の中には自分の意見が多く出てきます。

ビリーバーさんの見分け方

物事のとらえ方	【価値観】と照合する
特徴	あからさまなブランドよりも知る人ぞ知るものが好き
	本物志向、こだわりの品を好んで身につける
	菓子折りのしおりに目を通す
	目を逸らして話す奴は信用できないと考えている
	情熱や信念が好き、信頼できる人が好き
	気に入ったものにはお金を惜しまない
話し方	会話の中には自分の意見が多く出てくる
	「伝わってほしい」という強いジェスチャー
口癖	私の意見では〜、〜する価値がある
	〜するべきです、絶対に〜だ
	確信する、尊敬する、称賛する
	信念、信頼、誠実、尊重、敬服
	主義、こだわり、本物、値打ちがある
	貢献、献身、忠誠、使命感、大義名分
	コミットメント、バリュー、ミッション
	公正、公平、義務、けじめ、真面目
	〜の精神で、〜という姿勢で
	〜の道、〜一筋に、筋を通す、精進する
	判断、評価

チャレンジャーさんの見分け方

こんどはチャレンジャーさんの特徴を挙げてみてください。

チャレンジャーさんは、派手なファッションで、ハイブランドを身につけているイメージがあります。007のジェームズ・ボンドみたいな一見近寄りがたい、ムービースターのようなオーラを出していて、血色が良く精悍な顔立ちの人でしょうか？

チャレンジャーさんは、座り方が浅く、腕や足を組んだり、肩で風を切って歩くことが特徴です。口癖は、「え?」「何?」「いくら?」「要件は?」などで、言葉が短く、喋らずに顎だけで表現したりもします。

チャレンジャーさんの見分け方

物事のとらえ方	【行動】する
特徴	派手なファッションで人目をひく物を好む
	わかりやすいブランドを好む
	座り方が浅く、腕や足を組む、肩で風を切って歩く
	コツコツは無理、最短で結果を出す
	VIP待遇が大好き
話し方	言葉が短い
	喋らずに顎だけで表現したりもする
口癖	え?、何?、いくら?
	要件は?、要は、要するに
	結論から言うと、早い話が
	で、結局は?
	見れば分かる、余計な話はいいよ
	一目瞭然
	ハイリスク・ハイリターン、いちかばちか
	勝負!、今がチャンス、チャレンジ
	短期間で、速攻で、要領よく
	手っ取り早く
	やってみないと始まらない
	まずやってみよう!、行動あるのみ
	～しろ!～してくれ!(命令調)

ジョイナーさんの見分け方

加賀田先生！　ジョイナーさんの特徴は、遊び心をくすぐる環境が大好きで、お気に入りのポスター、フィギュア、ゲームなど、自分が好きなものに囲まれるのが好きなことですよね！

そうです（笑）。やる気ですね（笑）。ジョイナーさんは、リアクションが大きく、擬音語、擬態語を多用したフランクな話し方をします。

明石家さんまさんとかですよね！　無邪気な笑顔で大笑いしてるイメージがあります！

ジョイナーさんの見分け方

物事のとらえ方	【好き／嫌い】で反応する
特徴	いつも仲の良い人同士で集まっている
	没頭系（車好き、ワイン好き～）
	ノリと勢いで事にあたる
	遊びを後回しにすることが無理
話し方	オーバーアクション
	カタカナ語を多用したフランクな話し方
	勝手に造語をつくる
	擬音語や擬態語が多い
口癖	～がスキ！、～がキライ！
	～さいこー！、～サイテー！
	～したい！、～したくない！
	面白そう！、～ツマンナイ！
	やーだねー、ちぇっ！、わぁ！、きゃあ！
	くそったれ！、ゲゲゲッ！
	まーじで？、かっこいぃ～！
	いぇーい！、うっそぉー？
	超、ドキドキ、ワクワク
	てへぺろ、あげぽよ、ブンブン！
	マジで？、お疲れちゃーん

イマジナーさんの見分け方

先生！　イマジナーさんはいわゆる芸術家風の感じで、現実から想像の世界に飛ぶような感じの人でしょうか？　坂本龍一さんとか

そうですね。表情は穏やかで控えめ。口数は少なく、物静かで話し方は独り言のような感じです。アクセサリーなどの飾りには興味がなく、シンプルで簡素、素朴な環境、ひとりになれる空間が好きです。

即答や即対応をせず、ゆっくり考え、豊かな想像力を持ち、客観的で思慮深いのが特徴です。

イマジナーさんの見分け方

物事のとらえ方	【連想】する
特徴	即答、即対応が得意でない
	現実から想像の世界に飛ぶ
	現実の世界より空想の世界が好き
	単調な仕事も苦にならない
	決断、行動には時間がかかる
話し方	口数が少なく物静か
	独り言のような感じ
口癖	（基本的にあまり言葉を発しない）
	～みたい、～に似ている
	そういえば～、よくわかりません～
	私のペースで～、無理ないペースで～
	時間をください
	考える時間が欲しいです
	波風を立てないで～、平穏でいたい
	自分だけの時間、空間が欲しい
	自分は～を控えておこう

トップ営業の対処法

日本語のわからない外国人に「わからなかったら返事をしてくださいね」と日本語で一生懸命話したらどうなります？

ふふふ。そりゃ、伝わらないですよね

そう考えると当たり前ですが、日常のコミュニケーションで相手の心理的な欲求に合わせてアプローチをしないことはこれに近いといえます。

にもかかわらず、「なんでわかってくれないんだろう？」と、逆ギレしているケースはよくあります。

ここまでは、6タイプの見分け方を紹介しましたが、ここからは、対処法についてビジネスセールスを例にまとめてみますね。

コミュニケーションの達人であるトップ営業の方法をプライベート、恋愛でも置き換えて活用していきましょう。

シンカーさんにはこう対処しよう！

◉**初対面で心がけること：**いきなり本題に入る（意味のない雑談はあまり好きではない。逆にハーモナーさんは人間関係構築の雑談がないと信頼しない）

◉**対策：**商品ではなく情報を売る。話す順番にファイルを並べておく。できるだけの情報を出す。他社商品との比較情報を提供する（特に数字で比較する）。場合分けで留め、意見を押し付けない。淡々とした態度には淡々とした態度で返しても大丈夫

◉**響く言葉：**「コスパ」「合理的」「効率的」

◉**やってはいけないこと：**無理に一番上のクラスの商品を売ろうとしてはいけない。資料を探すなどもたもたしない。淡々とした態度に負けて興味がないと勘違いしないこと

シンカーさんの傾向と対処法

物事のとらえ方	【頭】で考える
業種・職種の傾向	会計士、税理士等数字を扱う仕事、マーケティング、経理、財務、上場企業の役員
即決傾向は?	△
契約までの回数	1～複数回
性格的な特徴	論理的に考える、効率性を重視した行動（時間の無駄使いが嫌い）、スケジュール管理（計画的に逆算して事を進める）、事実や概念の統合的活用、強い責任感（コツコツと事を進める）、情報分析力・情報収集力（人より情報に興味）
表情	常に逆算しているため、額に横じわ、あまり感情が表情に出ない
しぐさ・雰囲気	頭の良さそうな感じ
初対面で心がけること	いきなり本題に入る
対策	商品ではなく情報を売る、話す順番にファイルを並べておく、できるだけの情報を出す、他社商品との比較情報を提供する、場合分けで留め、意見を押し付けない、淡々とした態度には淡々とした態度で返す、情報だけ置いてくる
響く言葉	「費用対効果」「コスパ」「合理的」「効率的」
やってはいけないこと	一発必中では利用されていると思われ失注する、こちらの意見で「これが一番」と言ってはいけない、無理に一番上のクラスの商品を売ろうとしてはいけない、資料を探すなどもたもたしない、淡々とした態度に負けて興味がないと勘違いしないこと

ハーモナーさんにはこう対処しよう！

◉**初対面で心がけること：**いきなりプレゼンしない

◉**対策：**家族やスタッフ、従業員など誰かが喜んでいる姿をイメージさせる。笑顔を売る。周囲が反対したら買わないため、反対者を同席させるプレゼンが効果的。大事にしていることを聞く。紹介者とのエピソードを語る。まず信用してもらいその後、商談というスタンス

◉**響く言葉：**「あなたのように気持ちを大事にする方には～」「仲間を大事にされるんですね！」

◉**やってはいけないこと：**いきなり本題に入ると「え？」と思われるので、人間関係の構築が重要

ハーモナーさんの傾向と対処法

物事のとらえ方	【心】で感じる
業種・職種の傾向	社員を家族みたいに大切にする経営者、接客業、販売業、サービス業、保育士、看護師、福祉ヘルパー
即決傾向は？	△
契約までの回数	1～複数回
性格的な特徴	人を育む、相手に何かを与える、フィーリングを大切にする、集団の調和をつくりだす、豊かな感受性で他人の心情を察する、人間関係を大切にする、思いやりがあり温かい、清潔感がある
表情	目尻が下がっている（笑みじわ）、清潔感を意識した化粧、髪型、服装、爪
しぐさ・雰囲気	目立つようなことをしない、自らお茶を出すなど気遣いがある
初対面で心がけること	いきなりプレゼンしない
対策	家族やスタッフ、従業員など誰かが喜んでいる姿をイメージさせる、笑顔を売る、反対者を同席させるプレゼンが効果的、大事（大切）にしていることを聞く、紹介者とのエピソードを語る、まず信用してもらいその後、商談というスタンス
響く言葉	「あなたのように気持ちを大事にする方には～」 「仲間を大事にされる方ですね！」
やってはいけないこと	いきなり本題に入ると「え？」と思われるので、人間関係の構築が重要

ビリーバーさんにはこう対処しよう！

◉**初対面で心がけること**：まず自分を信用してもらうことを考える

◉**対策**：自分を売る、信頼してもらう。「あなたの価値観・使命（ミッション）のために」の精神をアピールする。「本物」をきちんと語れるようにしておく。がっつり目を見る。熱い思いを伝える。がっつりテンションを上げる。迷うことなく勧める

◉**響く言葉**：「本物がわかる方に」「これからもずっといいものを見て欲しい、だから一番いいものを」「いつまでも社長のパートナーでいさせてください」

◉**やってはいけないこと**：こちらから金額を下げない。強い目力に負けない。絶対に目を逸らさない。自分の前に商品を売るとNG

ビリーバーさんの傾向と対処法

物事のとらえ方	【価値観】と照合する
業種・職種の傾向	社訓や社是を掲げ理念経営をする経営者、政治家、宗教家、弁護士、教師、職人、ジャーナリスト
即決傾向は？	○
契約までの回数	1〜複数回
性格的な特徴	自分の意見をしっかり述べる、価値観や信念に従って判断・評価する、使命感を持って献身的に行動、ブレない強い意志を持っている、良心的で誠実である、観察力やチェック能力が鋭い、粘り強い、意見や価値観を伝える
表情	物事にこだわるから眉間に縦じわ
しぐさ・雰囲気	眼力が強い、がっつり目を見てくる
初対面で心がけること	まず自分を信用してもらうことを考える
対策	自分を売る、信頼してもらう、「あなたの価値観・使命（ミッション）のために」の精神をアピールする、「本物」をきちんと語れるようにしておく、がっつり目を見る、熱い思いを伝える、がっつりテンションを上げる、迷うことなく勧める
響く言葉	「本物がわかる方に」 「これからもずっといいものを見て欲しい、だから一番いいものを」 「いつまでも社長のパートナーでいさせてください」
やってはいけないこと	こちらから金額を下げない、強い目力に負けない、絶対に目を逸らさない、自分の前に商品を売るとNG

チャレンジャーさんにはこう対処しよう！

◉**初対面で心がけること**：説明文は3行しか読んでもらえないくらいのスタンスでのぞむ

◉**対策**：メダル（勲章）の一つとして売る。一発勝負。「何がクリアになれば決断できますか」と直球を投げかける

◉**響く言葉**：「一つ持っていても損はないですよね」「〇〇さんのような方だと、持っていないとまずいぐらいですよ！」

◉**やってはいけないこと**：まどろっこしい説明は逆効果。真面目な人を舐めるところもあるので注意。

チャレンジャーさんの傾向と対処法

物事のとらえ方	【行動】する
業種・職種の傾向	建設・土木・不動産系社長、外科のドクター、投資用不動産のセールスパーソン、格闘家、レーサー
即決傾向は？	◎
契約までの回数	即決
性格的な特徴	スピード感のある決断力と行動力（瞬発力）、競争意識や困難に対するチャレンジ精神が強い、損得勘定に長けている、環境適応力（順応性）が高い、勝負強く、取引上手（勝負事が好き）、人を促す説得力や交渉力がある、人を惹きつけたり巻き込んだりする力がある、物事を推し進めていく力がある、真面目な人を舐める
表情	一見近寄りがたいオーラを出している、血色が良く精悍な顔立ち
しぐさ・雰囲気	切れ者、コワモテな雰囲気、くだけるとすごくチャーミングな一面も、ツンデレタイプの女性
初対面で心がけること	「説明文は3行しか読んでもらえない」くらいの気持ちでのぞむ
対策	メダル（勲章）の一つとして売る、一発勝負、「何がクリアになれば決断できますか」と直球を投げかける
響く言葉	「一つ持っていても損はないですよね」 「～さんのような（社長クラス）ですと、持っていないとまずいんじゃないですか」
やってはいけないこと	まどろっこしい説明は逆効果

ジョイナーさんにはこう対処しよう！

◉**初対面に心がけること**：友達のようなノリの良さが必要

◉**対策**：自分が楽しんでいる姿を想像させる。自分に「楽しみ好奇心」の要素が多ければお友達として落とせる可能性あり

◉**響く言葉**：オノマトペ（擬音語・擬態語・擬声語）や「かっこいい」「好き」「かわいい」などの感情や感動を表す言葉

◉**やってはいけないこと**：営業側に「楽しみ好奇心（ユーモア）」の要素が少ないと相手にしてもらえない。財力を見抜くことが必要

ジョイナーさんの傾向と対処法

物事のとらえ方	【好き／嫌い】で反応する
業種・職種の傾向	ベンチャー企業の社長、IT・ゲーム関連の社長、デザイナー、イラストレーター、コピーライター、カメラマン、お笑いタレント、マンガ家
即決傾向は？	◎
契約までの回数	即決か保留か、50／50
性格的な特徴	遊び心を持って「今ここ」を楽しむ、高エネルギー（明るい、元気、お喋り好き）、子供のような無邪気さを持っている、豊かな創造力、独自の感性、自発的、直感が鋭い、喜怒哀楽がストレート、自由な発想
表情	目尻や口元に笑いじわ、無邪気な笑顔（爆笑）
しぐさ・雰囲気	リアクションが大きい、ビジネスのにおいがしない
初対面で心がけること	友達のようなノリの良さが必要
対策	自分が楽しんでいる姿を想像させる、自分に「楽しみ好奇心」の要素が多ければお友達として落とせる可能性あり
響く言葉	オノマトペ（擬音語・擬態語・擬声語）や「かっこいい」「好き」「かわいい」などの感情や感動を表す言葉
やってはいけないこと	営業側に「楽しみ好奇心（ユーモア）」の要素が少ないと相手にしてもらえない、財力を見抜くことが必要

イマジナーさんにはこう対処しよう！

◉**初対面に心がけること**：静かな会話を心がける

◉**対策**：パンフレットを見せて黙り、「ここに署名、捺印を」「どうですか？」とは言わない

◉**響く言葉**：「～を～してください」（簡潔・明瞭・具体的な指示）「ご自分のペースでゆっくりお考えください」「何か質問があれば、いつでもおっしゃってください」

◉**やってはいけないこと**：答えが曖昧な質問はしない。「どうですか？」とは聞かない

イマジナーさんの傾向と対処法

物事のとらえ方	【連想】する
業種・職種の傾向	作家、詩人、芸術家、コンピュータープログラマー、図書館司書、校正者
即決傾向は?	即決は相手による
契約までの回数	相手のペースによる
性格的な特徴	過去の体験を今、リアルに回想する、即答や即対応をせず、ゆっくり考える、指示待ちタイプだが言われた通りにこなす、豊かな想像力、客観的で思慮深い、口数少なく物静か
表情	穏やかで控えめな表情(あまり表情はない)、年をとってもあまりしわがない
しぐさ・雰囲気	化粧もせず、着飾ったりもしない、目を合わせてくれない
初対面で心がけること	相手のペースにゆっくり合わせる
対策	パンフレットを見せて黙り、「ここに署名、捺印を」「どうですか?」とは言わない
響く言葉	「~を~してください」(簡潔・明瞭・具体的な指示)「ご自分のペースでゆっくりお考えください」「何か質問があれば、いつでもおっしゃってください」
やってはいけないこと	答えが曖昧な質問はしない、「どうですか?」とは聞かない

SESSION ④

まとめ

ここでは「SIX MENTAL READING」の日常での具体例を学びました。**ビジネスでもどう活用されているのか、CMや雑誌の例を通して理解できましたね。**

もし、あなたがビジネスで「SIX MENTAL READING」を活用するときは、あなたの扱っている商品やサービスが「どのメンタルの人をメインターゲットにしているか?」に応じて、メッセージを変えてください。

次に「タイプの見分け方」を学びました。実際のコミュニケーションでは、「相手がどのメンタルなのか?」ということを瞬時に見抜く必要があります。

最後に「対処法」。相手がどのメンタルに属するかがわかったら、それに合ったコミュニケーションをしましょう。そこで、SESSION④では、数多く「表」を作成しました。日々実践しながら、この表に戻ってきて確認してみてくださいね。

SESSION ⑤

SIX MENTAL READINGで
あの人がメロメロに！

MENTAL別
コミュニケーション術
実践編①

6つのMENTALに合わせて話せば、あの人のあなたへの好感度が高まる

今までのセッションをふりかえってみましょう。まずSESSION①で古くから我々は人間をタイプに分けてコミュニケーションをしてきたことを確認し、SESSION②で心も進化していることから最新のMENTAL別診断「SIX MENTAL READING」の自己診断であなたの深層心理的欲求を診断しました。

SESSION③で各「SIX MENTAL」の特徴と傾向、SESSION④でその対応法を学びました。そしていよいよSESSION⑤ではあの人をメロメロにするコミュニケーション法を学びます。このSESSION⑤では、

①各SIX MENTALに対するコミュニケーションポイント（5 BEHAVIOR）

②各SIX MENTALに対するグッドコミュニケーション・ミスコミュニケーション

③一瞬で相手の心を掴む！　一歩先をいくMENTAL別コミュニケーションのコツ（ほめる編）

を一緒に行います。

フランス人にはフランス語で話すように、相手のMENTALに合わせてコミュニケーションを発信します。

SESSION④の表に記載している各MENTALの特徴を思い出して、相手がどのMENTALか推測しましょう。もし、事前に時間があるのでしたら次のイメージで相手に入ります。ぬいぐるみの後ろについているチャックを「ジーッ」と下げて、ぬいぐるみに入り込むような感覚です。入りきったら、その人の視線で世界を見てください。

その人の感覚で世界を歩き、感じ、触ってください。その人がどのMENTALか湧き上がってくるはずです。そして、そのMENTALが満たされるコミュニケーションを実施します。それでは、各MENTALに対するグッドコミニケーション・ミスコミニケーションを見ていきます。

シンカーさんに対してのコミュニケーションポイント

BEHAVIOR①：ワード（相手との会話で使うと効果的なことば）

情報・データ・事実・現状・現実・論理的・合理的・理論・理屈・数字・整理・機能的・明確・客観・根拠・責任・効率・達成・目標・実績・効果・分類・分析・全体像・枠組み・手順・プロセス・段取り

時間・優先順位・語尾「～と考えます」「～と理解します」

BEHAVIOR②：話し方（声のトーン・間・抑揚・息遣い）

冷静に、淡々と話す

BEHAVIOR③：表情

相手が無表情でも安心してこちらも無表情で話す

BEHAVIOR④：動作（うなずき・身振り・手振り）

しっかり話を聞いているということを示すため、うなずきを入れる

BEHAVIOR⑤：雰囲気（姿勢・服）

相手がロボットのようでも動揺せず、理論的に正確な情報を伝える

シンカーさんに対するグッドコミュニケーション

シンカーさんは**数字が大好物**でしたよね。シンカーさんに対してどのようなコミュニケーションをすれば良いと思いますか？

たとえば、商談でしたら「弊社とお付き合いのある会社様は**全国47都道府県**に展開しており、**3万棟**の施工実績があります」のように数字で実績を出すと説得力が出ると思います

さすがですね！　私のような営業コンサルがセールスパーソンに対してであれば「成約率が上がりました」より「**2日間**の台本営業®研修を受講することで、購買心理に基づく**5つのステップが理解**でき、受講者の**90％**の成約率が、**20％から80％**まで上がりました」と説明した方が説得力が増します。

「早くこの書類を提出して」より、「この書類を、●月●日（●）●時までに提出してくれますか？」の方が良いですね！

シンカーさんに対するミスコミュニケーション

「まずはやってみよう！」とか「やってから考えよう！」というようなコミュニケーションは、シンカーさんがモヤモヤしてしまいます。

それって、行動が大好きなチャレンジャーさん向きですね。あと、段取りが悪いとイライラするかも。コンビニでのレジの支払いでも現金なのか、スマホ決済なのか、もたもたするのを見るとイラっとするかもしれません

ハーモナーさんに対してのコミュニケーションポイント

BEHAVIOR①：ワード（相手との会話で使うと効果的なことば）

「私の気持ちは～」「～と感じる」「うれしい」「幸せ」「一緒に」「仲良く」「愛情」「思いやり」「心配り」「気づかい」「かわいい」「素敵」「かわいそう」「悲しい」「寂しい」「～が心配」「家族」「ともだち」「思い出」「親しみ」「つながり」「ぬくもりを感じる」「ゆったりする」「心地よい」「いい雰囲気」「ほっとする」「いい香り」「美味しい」

BEHAVIOR②：話し方（声のトーン・間・抑揚・息遣い）

やさしい、柔らかい、温かい感じで

BEHAVIOR③：表情
やさしい微笑みで

BEHAVIOR④：動作（うなずき・身振り・手振り）
相手を受け入れている感じでやさしい身振りで

BEHAVIOR⑤：雰囲気（姿勢・服）
相手を人として認めているという、やさしい雰囲気

ハーモナーさんに対するグッドコミュニケーション

あるとき、保険を売っている営業コンサルティングのクライアントさんが、思いやりがあり、人の気持ちを大事にするハーモナーさんのお客さんの話をされました。

「そのお客様はシングルマザーで18歳の娘さんにある保険をかけたいとおっしゃったんです。その保険は掛け捨ての保険で損だ、と私は思ったんです。だって掛け捨て保

険って、期間内に何かが起きなかったら戻ってこない保険で損じゃないですか。月々の払い込み保険料が3000円、年間で3万6000円、60歳までの42年間で151万2000円の払い込み保険料。保障額1000万円だから、単純に約50万円の損じゃないですか！

そしたら、そのお客様は『保険は、**あの娘へのプレゼント**なんです。自分もシングルマザーの親から同じように保険を**プレゼント**されたんです。〝自分は片親で、愛されてないんじゃないか〟とあの娘が思うかもしれない。これはそんなことはないという証なんです。途中で、自分が払うように変わっても良いんです。大きくなって結婚の挨拶に相手のご両親のところにいったら、相手のお父さんから『**しっかり愛されて育ったお嬢さんだ**』と思われるようにしたいんです』とおっしゃったのです。

私はシンカーなので、単純に数字だけで判断しがちですが、そのとき、ハーモナーさんのお客様に対するコミュニケーションを学びました」

素敵な話ですね。このようにハーモナーさんに対しては、思いやりの気持ち・感情・人間関係を大切にコミュニケーションしてくださいね。

ハーモナーさんに対するミスコミュニケーション

お恥ずかしい限りですが、これは私の体験談になります。昔、部下が笑顔で対応してきたときに、シンカーの自分は「仕事をしていないことを笑顔で隠しているのではないか？」と疑ってしまって、冷たく対応してしまいました。

笑顔で「いつも、ありがとう。○○さんがいてくれることで、本当に助かっているよ」と対応すべきだったと、今では反省しています。ごめんなさい。

ビリーバーさんに対しての
コミュニケーションポイント

BEHAVIOR①：ワード（相手との会話で使うと効果的なことば）

「私の意見では」「～する価値がある」「～するべき」「信頼」「誠実」「信念」「価値」「使命（ミッション）」「コミットメント」「尊敬に値する」「賞賛」「敬服」「確信している」「絶対に」「～主義」「大義名分」「～の道」「一筋」「献身」「忠誠」「貢献」「けじめ」「義務」「筋を通す」「～の精神」「値打ちがある」「こだわり」「本物」「伝統」

BEHAVIOR②：話し方（声のトーン・間・抑揚・息遣い）

真剣に、情熱を込めて話す

BEHAVIOR③：表情

相手の目力に負けて目を背けないよう、目と心を合わせる

BEHAVIOR④：動作（うなずき・身振り・手振り）

「伝われ！」という強いジェスチャーで

BEHAVIOR⑤：雰囲気（姿勢・服）

信頼関係を築くために、信念の軸がぶれないように伝える

ビリーバーさんに対するグットコミュニケーション

信念や価値観を大事にされるビリーバーのクライアントさんと職歴の話になったのですが、その方はある面接官にこのように言われてすごく感動して転職を決めたとおっしゃっていました。そのセリフとは「あなたの経歴を見て、**誇りを持って仕事をしてきている**と**確信**しました」というもの。熱意を込めて語ってくれたとのことです。

なるほど！　ビリーバーさん（意見価値MENTALが強い人）は「誇りを持って仕事をしてきている」と仕事観を認めてくれたことで心理的欲求が満たされたのですね

ビリーバーさんに対するミスコミュニケーション

これは私の例です。前職の社長がビリーバーさんで「**決めろ！**」が口癖だったんです。しかし、シンカーさんの私はエビデンスなしに決めるのがものすごいストレス。「根拠がないのになぜ、決められるの？」となって、社長と険悪な雰囲気になったことがありました。

なるほど！　ビリーバーさんは自分の信念・理念・価値基準に基づき判断ができるから、エビデンスとかっていらないのかもしれませんね。そうするとこちらも熱意を込めて「社長のビジョン・ミッションを達成するために、私も、本気で取り組む覚悟です。今一度、社長のご意見を伺いたく、お時間を設けさせていただければと思います。お忙しいところ恐縮ですがいかがでしょうか？」のように襟を正して、熱意を込めてお話しすると良いですね！

チャレンジャーさんに対してのコミュニケーションポイント

BEHAVIOR① ：ワード（相手との会話で使うと効果的なことば）

「見れば分かる」「余計な話はいいよ」「一目瞭然」「ハイリスク・ハイリターン」「え?」「何?」「いくら?」「要件は?」「要は」「要するに」「結論から言うと」「早い話が」「で、結局は?」「いちかばちか」「勝負!」「今がチャンス」「チャレンジ」「短期間で」「速攻で」「要領よく」「手っ取り早く」「やってみないと始まらない」「まずやってみよう!」「行動あるのみ」「〜しろ!　〜してくれ!」（命令調）

BEHAVIOR② ：話し方（声のトーン・間・抑揚・息遣い）

短い言葉で、わかりやすく端的に

BEHAVIOR③：表情

気合いを入れて。相手の勢いや精悍な顔つきに怯まず、相手は物事を教えてくれる面倒見が良い体育会系の先輩だと思いながら（相手が目下の場合は、逆に自分が体育会系の先輩になったつもりで）表情をつくる

BEHAVIOR④：動作（うなずき・身振り・手振り）

モタモタするのを嫌うので、手際良く

BEHAVIOR⑤：雰囲気（姿勢・服）

体育会運動部のような感じのノリで

チャレンジャーさんに対するグッドコミュニケーション

チャレンジャーさんは**行動、挑戦、気合い**が大好物。チャレンジャーさんの部下に対しては「**まず、行動！　行動した結果のミスは失敗じゃないから、まずやってみよう！**」などと、気合いを込めて伝えてみてくださいね！

わかりました！　たとえば営業先で決断力・行動力のすごいチャレンジャーの社長さんに会ったときは、「～社長の決断力と行動力がこの会社を支えてます！」って気合いを込めて言うようにします！

チャレンジャーさんに対するミスコミュニケーション

「加賀田さんは、今までの人生で危険を冒してきたこととかないんですか？」とあるチャレンジャーさんに聞かれて、「まったく、平凡な人生なんですよ」と言ったら、「へぇー（つまんねぇヤツだな）」と一気に興味をなくされたことがあります。

環境適応力に優れるチャレンジャーさんには、危険を冒して挑戦した話とか、武勇伝をしないと逆に舐められちゃうってことですね！

ジョイナーさんに対しての
コミュニケーションポイント

BEHAVIOR①：ワード（相手との会話で使うと効果的なことば）

「～スキ！　～キライ」「面白そう！　つまんない」「～したい！　～したくない」「ドキドキ」「ワクワク」「きゃあ！」「わーい！」「サイコー！」「かっこいい！」「イエーイ！」「ちぇっ！」「ゲゲッ！」「や～だね！」「マジで?!」「うっそ～?!」「ちょ～ヤバい！」「プンプン」「お疲れちゃーん」

BEHAVIOR②：話し方（声のトーン・間・抑揚・息遣い）

面白く、楽しく、はずんだ感じで

BEHAVIOR③：表情

子供のような無邪気な表情（笑顔）で

BEHAVIOR④：動作（うなずき・身振り・手振り）

友達のような感じで、ノリ良く

BEHAVIOR⑤：雰囲気（姿勢・服）

一緒に楽しむ感じ。オーバーアクションで

ジョイナーさんに対するグッドコミュニケーション

自由奔放で遊び心に溢れるジョイナーさんは楽しい接触・コミュニケーションを求めますよ♪　どうすれば、サイコーなコミュニケーションがとれると思います？

先生もノリノリですね♪　超ウケるんですけど。たとえば、デートとかでも楽しいテーマパークにいくとか、商品・サービスを販売するときは、買った後の楽しい未来を擬音や擬態語で想像させるとかがいいですね！

ジョイナーさんに対するミスコミュニケーション

ジョイナーさんの同僚が「『これできたら、おもしろくないですか？』と上司に提案したら、『もっと現実的に考えろ！』と否定されて、一気に仕事に対する意欲がなくなった」って言ってました

なるほど、そうするとその上司は「おー！　いいアイデアだね！　やるね〜！　じゃ、現実化するために一緒に考えちゃおうか（笑）」みたいに、**楽しげなコミュニケーション**をすれば、ジョイナーさんの心理的欲求を満足させられたかもしれないね♪

イエイ！

イマジナーさんに対しての
コミュニケーションポイント

BEHAVIOR①：ワード（相手との会話で使うと効果的なことば）

「～を……してください」「ゆっくりでいいから」「わからなかったら、いつでも連絡して」

BEHAVIOR②：話し方（声のトーン・間・抑揚・息遣い）

声のトーンを落として

BEHAVIOR③：表情

相手が無機質な無表情でも、静かな表情で

BEHAVIOR④：動作（うなずき・身振り・手振り）

静かに。相手と目が合わなくても可

相手が固まっていても、静かに落ち着いた雰囲気で

イマジナーさんに対するグッドコミュニケーション

イマジナーさんが行動を起こすときには、自分のペースと時間が必要。「自分の世界」が守られることへの安心感と、明確、簡潔、具体的な指示があれば、「自分の内面世界」と「外の外的世界」の行き来ができるからです。「〜を……してください。ゆっくりで大丈夫です」のようなコミュニケーションが心理的欲求を満たします。

相手の世界（観）を守ってあげるというスタンスで、ゆっくりと静かに話すことが重要です。

イマジナーさんに対するミスコミュニケーション

そういえばこの間、イマジナーさんの同僚があいさつもしてこないし、話しても目も合わせない、何を考えてるかわからないから、イライラして、「何か意見ないんですか！」って怒っちゃったんです

イマジナーさんに対しては、何回かコミュニケーションをとって、「この人は自分の世界（観）を認めてくれている」という安心感を与えてから、ゆっくり静かに話すことが重要です。

6MENTAL別コミュニケーションポイント

チャレンジャーさん

Good 行動あるのみ！と促す

Mis- 安パイな道を選択する

シンカーさん

Good 数字で示す

Mis- まずはやってみよう！と行動を促す

ジョイナーさん

Good フィーリングを重視したコミュニケーション

Mis- 現実主義的なコミュニケーション

ハーモナーさん

Good どう思っているのか気持ちを伝える

Mis- 気持ちを伝えない

イマジナーさん

Good 自分のペース配分で動く

Mis- 世界観を強要する

ビリーバーさん

Good 理念、使命を示す

Mis- 熱意の欠けた言動をする

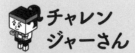

知識は過去のもの。どんなに小さくても行動だけが、あなたの未来を変える

これから実際に紙とペンをご用意ください。もちろん、パソコンやスマホに書き込むのでも構いません。実際に手を動かしてみましょう。これから紹介するテクニックを身近な例に置き換えて、実践していきましょう。

カンタンなところから始めますので、**順番にやってみてから次のステップにいくことが重要です。**自分で考えてアウトプットすることなしに、次のステップを読んで「知識だけ」得てもまったく意味がありません。

たとえば、講演で「ピアノの弾き方」を聞いたとしましょう。聞いただけで、ピアノが上手に弾けるようになるでしょうか？

そりゃ、そんなことはないです。毎日、練習して初めてうまくなります

学生時代、部活をされていました？　もしされていたら1日、どれくらい練習していました？　1日何時間も練習してから試合にのぞんだのではないでしょうか？

私もあなたも、ただ知識を得て評論家になりたいわけではないはずです。毎日ストリートファイト、つまり、実戦しています。
「どうしたら今日の商談をうまくできるか？」「どうやったら良好な人間関係を構築できるか？」「どうすればあの人に自分の思いをうまく伝えられるか？」と悩んでいるはずです。

あなたのペースでワークを進めていきましょう。大丈夫、私は、いつでも、ここで待っていますので、ステップごとにワークをしてから次に進みましょう。

一瞬で相手の心を掴む！一歩先をいくMENTAL別コミュニケーションのコツ

さて、人間関係を構築する方法として、あなたはどんなことをしていますか？

ベタですけど。その人のいいところを見て、ほめることをしています

おお、いいですね！

ステップ0：あの人をほめてみよう！

じゃあ、ほめハラ（ほめハラスメント）みたいになっちゃってあれなんですけど、練習として、私、加賀田をほめてみましょうか？

うーん……加賀田さん、メガネがいいですね！

おーーー。そこだけですか！　もっとないんスか（笑）？？？

なぜ、私たちはうまくほめられないのか？

私たちは日常、誰にもほめられません。丸1日、誰からもほめられなかったことってよくありませんか？

もちろん、ウソはだめですが、その人の良いところを見つけてほめるのは、相手を幸せにしてあげる素敵な行為なのです。

それではどうすれば、あの人を素敵にほめることができるのでしょうか？

信念・価値観レベルをほめる

あなたは部下から「時計かっこいいですね」と言われるのと、「〇〇さんと一緒に仕事ができて幸せです。〇〇さんは、私のキャリアの中で一番の上司です！　〇〇さんは私の師匠です」と言われるのと、どちらが心に響きますか。

もちろん後者ですよね。それを、心理学的に解き明かしていきましょう。

「**ニューロ・ロジカル・レベル**」という自己認識の階層構造モデルで、ご説明します。156ページの図を見てくださいね。人間の意識の階層は6つに分かれています。どのレベルをほめるかで、結果がまったく変わってきます。一番上の「スピリチュアル」の部分は、互いの「主張の違いによって揉めるリスク」があるため、日常会話で

ニューロ・ロジカル・レベル
Being
スピリチュアル
宇宙や地球、地域社会・職場・
家族などの中での自分(在り方)
影響力
大
Who
自己認識(存在)
自分は誰なのか、
目的、使命
Why
信念・価値観
大切にしていること、
信じていること
How
能力
方向性、可能性、戦略、才能
What
行動
行動、振る舞い
When
Where
環境
周りの環境、見えるもの、
聞こえるもの、感じているものなど
影響力
小

は避けるのが礼儀です。

「スピリチュアル」の下の5つはこちらです。

◉自己認識（存在）**：その人のミッション、ビジョン。自分が何者であるか？**

◉信念・価値観：その人が信じていること、大切にしていること

◉能力：その人の才能、能力

◉行動：その人の行動、振る舞い

◉環境：その人の周りの環境、見えるもの、聞こえるもの、感じているもの

相手の自己重要感を高めたいとき、どのレベルに対しアプローチするかが大切です。「環境をほめるのか？」「行動をほめるのか？」「能力をほめるのか？」「相手の価値観や信念をほめるのか？」「自己認識（存在）をほめるのか？」……。

どのレベルをほめるかで、結果がまったく変わってきます。あなたは、具体的にどのようにほめられたら嬉しいですか？

以下がそれぞれのレベルごとのほめ方の具体例です。

①自己認識（存在）レベル：「〇〇さんは素晴らしい人です！　私の師匠です！」
②信念・価値観レベル：「〇〇さんの仕事観は素晴らしいです！」
③能力レベル：「〇〇さんの交渉力は素晴らしいです！」
④行動レベル：「〇〇さんは朝一番に出社されていて素晴らしいです！」
⑤環境レベル：「〇〇さんの働いているオフィスは素晴らしいです！」

①自己認識（存在）や②信念・価値観をほめられると嬉しいですよね。相手の信念や価値観は、相手をよく観察していないと理解できないので、相手の信念や存在レベルをほめるのが一番難しいし、言われたことを相手が納得できれば本当に感動してもらえます。

私の体験をお話しします。前職で営業マネージャーをしていたとき、目先の売上はもちろんですが、成約率を上げるためのセールスシステムの構築に情熱を燃やし、徐々に改善していったんです。それにより、過去と比較して、飛躍的に数字が伸びていったんですね。

ただ、社長も上司もまったく誰も、気がつきませんでした。彼らは表面的な目先の売上しか興味がなかったのです。しかし、一人だけ、私が可愛がっていた部下が気づいてくれたのです。

「加賀田マネージャーは本当にスゴイっす。過去、誰もできなかったこの改革を成功されてます。○○の数字が○○%上がっていますよね。プロフェッショナルマネージャーとしての仕事の取り組み、本当に尊敬してます」

誰も気がつかず、そしてほめられることもなかった私の取り組みを認め、ほめてくれたこの部下に、私はメロメロになりました。

さて、相手の価値観ってどうやったらわかると思いますか？

ズバリ、**決断の瞬間**です。「誰と付き合おうか？」「結婚しようか？」「別れようか？」「どの会社に入ろうか？」「辞めようか？」「どの会社に転職しようか？」「起業しようか？」など、「Aにしようか？　Bにしようか？」という決断の瞬間に、その人の価値観はあらわになります。

では「信念、仕事観（仕事に対する価値観）をほめる」会話例を見てみましょう。

Aさん：Bさん、どのようなお仕事をされてるんですか？

Bさん：不動産会社を経営しています。

Aさん：おー、スゴイですね！　経営者でいらっしゃるんですね！
どれくらいされてるんですか？

Bさん：3年ぐらいです。

Aさん：なるほど！　最近、独立起業されたんですね！
ちなみに、その前は、どんなことをされていらっしゃったんですか？

Bさん：不動産会社で営業をやってました。

Aさん：なるほど！　独立起業って大変だと思うんですが、独立起業されたのは、

どんな動機からだったんですか？**（決断の瞬間に価値観があらわになる）**

Bさん：二度とない人生なので、自分でどこまでやれるか試したかったんですよ。

Aさん：安定している世界から抜け出て、リスクを冒してもチャレンジするって素敵ですね！

Bさん：いや〜、そんなおおげさなことじゃないですよ。ありがとうございます。

このように、「仕事観」は皆さん素晴らしいものを持っているので、ほめやすいのです。とくに、**創業社長は「創業の想い」と「赤字や倒産の危機をどう乗り越えたのか？」が鉄板ネタ**です。また、もし事前にある程度知っている人であれば、次のようなセリフで直接、仕事観をお聞きするのも有効です。

「私もこれから仕事を頑張っていきたいと思っていて、勉強のためにお聞きしたいんですけど、○○さんの仕事観や人生観を、差し支えなければ教えていただけないでしょうか？」

住宅営業をしているのであれば見込み客の「家に対する価値観」、プライベートで恋愛の話をしているのであれば恋愛観など、TPOに合わせて価値観を聞いてみましょう。

先生！　信念・価値観を聞いてほめるってスゴイやり方ですね！

そうなんです。そしてこれから「SIX MENTAL READING」という武器を使って、さらにハイレベルなほめ方をしましょう。

ステップ1：SIX MENTALに合わせてほめる

「SIX MENTLAL」は、ニューロ・ロジカル・レベルの上から2番目「自己認識レベル」の階層です。つまり、一番影響力が強いところをほめることができるのです。

またになりますが、私をほめてみてください。

うーん。加賀田さんは、すごく「クライアント思い」だと思います。私たちが成果を出すことに寄り添ってくれる感じがするので、愛情をすごく感じます

いいですね。私、加賀田をSIX MENTALの何だと思ったんですか？

心情思いやりMENTAL、ハーモナーさんでしょうか？

ですよね。実は私、加賀田は思考論理MENTAL、シンカーです。

あ、そうでした。シンカーさんでした

ステップ2：外れた場合はどうする？

大丈夫。では、相手のMENTALをほめてみたけれど、はずれてしまったときの対処法を見てみましょう。

ジョハリの窓をご存じですか？　人の心には4つの窓があります。「開放の窓」「盲点の窓」「秘密の窓」「未知の窓」というものです。

- **開放の窓：自分も他人も知っている自分**
- **盲点の窓：自分は気づいていないが、他人が知っている自分**
- **秘密の窓：自分は知っているが、他人は気づいていない自分**
- **未知の窓：自分も他人も気づいていない自分**

ジョハリの窓

自分は知っている
自分は気づいていない
他人は知っている
他人は気づいていない
開放の窓
盲点の窓
秘密の窓
未知の窓

トップセールスは、どこに焦点を当てるでしょうか？

まず、**「秘密の窓」**に焦点を当てます。あなたも、誰にも話せないような「秘密」「悩み」「苦しみ」を持っていると思います。

お客様の他の誰にも話せない秘密の「悩み」「苦しみ」を、あなたが理解したら、他の人とは違う究極の人間関係が構築できるのです。

秘密の共有って「共犯関係」ぽいですね。ドキドキします

ニューロ・ロジカル・レベルの「①自己認識」「②信念・価値観」が、「秘密の窓」にあたります。もし、SIX MENTALがはずれてしまった場合どうするか？

「未知の窓」に移行すればいいのです。つまり、はずれても押し切る。その人自身も知らなかった、新しい可能性・価値をほめてあげるということです。


では、ここからは失敗例と成功例を見ていきましょう。

【失敗例】はずれて落ち込む

佐藤さん：田中さんは、誰よりも仕事に厳しいプロフェッショナルですね！

田中さん：そう？　けっこう、テキトーにやってるよ。

佐藤さん：あ、そうですか……（しょぼん）。

【成功例】はずれても押し切る

佐藤さん：田中さんは、誰よりも仕事に厳しいプロフェッショナルですね！

田中さん：そう？　けっこう、テキトーにやってるよ。

佐藤さん：**田中さんは誰よりも早く出社され、納期が厳しい仕事も、徹夜しても、休日出勤しても絶対に完璧に仕上げるじゃないですか！　ご自分をすごく厳しく律していて、ホント素敵です。**

田中さん：（嬉しそうに）いやあ〜、そんなことないよ（笑）。

【失敗例】はずれて無言になる

Aさん：加賀田さん、痩せました？

加賀田：え？　太りましたけど……。

Aさん：え、あ……（無言）。

加賀田：……（オレのこと全然見てないんだな）。

【成功例】はずれても押し切る

Aさん：加賀田さん、痩せました？

加賀田：え？　太りましたけど……。

Aさん：え、おかしいなぁ。**すごい引き締まりましたね。精悍な感じで、かっこいいです！**

加賀田：そうかなぁ……てへへ。

このように、**予想したMENTALがはずれても押し切ること。**

そして、**具体的なエピソードを入れることで、信憑性、説得力を増加させるのです。**

では、やってみましょうか。

加賀田さんは、すごく「クライアント思い」だと思います。私たちが成果を出すことに寄り添ってくれる感じがするので、安心します。たとえば、この前の○○の商談についても具体的にトークを一緒に考えてくれて、どうやったら成約するのかというのを親身になって悩んでくれて、そしてメールで成約したという結果を報告したら、まるで自分のことのようにとっても喜んでくれて、本当に生徒への愛を感じます

ステップ3：マイナスからプラスへ

次は、相手のMENTALに合わせて、マイナスからプラスに大きくコミュニケーシ

ョンをしてみましょう。具体的には「普通は○○だけど〜、□□さんは他の人と違って〜」です。

では、シンカーさんの私をほめるとしたら？

普通の営業コンサルの人って、ときどきYouTubeで動画配信して終わりだとか、SNSとかでセミナー告知して終わりとかが多いですが、加賀田先生は、毎朝毎晩、私たちのためになる無料メルマガをこれまでに約3000通も発行されて、日々コツコツと努力をされている姿勢がスゴイと思います。ブログとか書籍も、他の営業コンサルの人ってカンとかセンスとかその人しかできない「独特の経験」だったりするけれど、加賀田さんは非常に理論的かつ再現性の高いノウハウで、セミナーの内容も毎回更新されていて、最新の心理学を教えてくれたり、改善されていたりするところとか、仕事に対するプロ意識をすごく感じます！

ステップ4：「YOUメッセージ」ではなく「Iメッセージ」で語る

「YOUメッセージ」とは「あなたはこうですね。」というメッセージ。

「Iメッセージ」は「私はこう思う」というメッセージです。

「YOUメッセージ」は、相手を主語にして、見えたこと、伝わってきたこと、感じたことを伝える手法です。客観的ですが、左のような言い方をされると、どこか冷たい感じがしませんか？

「●●さん、素晴らしいですね。よくやった」

たしかに、上から目線で、言い方によってはほめられてもちょっとイラッとするかも。ほめられることでマウントをとられたような気持ちになります

一方、「Iメッセージ」は私を主語にして「私」が受けた影響、印象、感じたことを伝えるので感情がこもります。

「ステキです！　感動しました！　尊敬しています。私も○○さんのようになっていきたいと思います」

たしかに自分が思っていることなので相手も否定しようがないですね。マウントをとることもなく自然に感情を伝えられます

「マイナスからプラスへ」＋「SIX MENTAL」＋「事実」＋「Iメッセージ（自分の感情を伝える）」ことが重要なのです。

ステップ5：質問する

ほめたことを本当にスゴイ！　と思っていれば、興味や関心が生まれているのが自然です。**質問することによって、ほめたことに信憑性が増すのです。**

【例】どうやってやるんですか？

【例】どんなことを大切にされてるんですか？

【例】加賀田さんはどういうことを大事にされて、日々仕事をされているんですか？

ステップ6：ツァイガルニク効果

「ツァイガルニク効果」とは「**未完了のことは、完了されたことよりも緊張感が持続しやすく、興味をひく**」という心理テクニックです。たとえば、

◉友達：「相談があるんだ……、好きな人ができて……、やっぱり話せないや」
◉テレビ番組：「このピンチ、どうなる?! 続きは……CMのあとで！」
◉芸能ニュース：「あのアイドルが熱愛？ 意外すぎるそのお相手とは？……」

このように、途中で話が終わると、最後まで聞きたくなります。この心理テクニックを使いましょう。

「ちょっと、気になったことがあったんですが、お話ししていいですか？ あ、でもやめとこうかな……」

このようにすると相手の聞く態勢が強まります。

ステップ7：混乱法

改まってその話をするのでなく、別の話（こと）をしているときに、ふと話すと相手の心のガードが下がって、潜在意識にストーンと入っていくのです。たとえば、

◉一緒に歩いているとき、交差点で信号を待っている瞬間、ふと話しかける。
◉商談の最初、人間関係を構築しようと身構えているときでなく、商談の途中で、ふとその話をする

これが「**混乱法**」です。積極的に使っていきましょう。

SESSION ⑤

まとめ

このセッションでは、人口の約7割を占める2つのMENTAL（シンカーさんとハーモナーさん）の例で多くを実践してみました。他のMENTALをほめる練習もしてくださいね。

さて、SIX MENTAL READINGを活用することで、その人の自己認識レベル「自分が誰のか？」「使命」「生きるための意志」を理解し、それをほめることができるようになりました。

SIX MENTAL READINGとは、私のなかにいる様々な「私」がいることを知り、「私」を呼びおこし、「私」に助けてもらって、「あの人がどんな人なのか？」を深く理解することなのです。

あなたを助けてくれる誰かは、あなたのなかにいます。その誰かを呼びおこすのがSIX MENTAL READINGなのです。

再度、注意ですが、SIX MENTAL（深層心理的要素）はTPOによって変わります。あくまでもその人へのコミュニケーションの切り口であること、**一番大切なのは「目の前の人を理解する」ことであるのをご理解ください。**

SESSION 6

セールス力はあなたを自由にする！

MENTAL別 コミュニケーション術 実践編②

ワーディングがあなたの人生を変える

SESSION⑤では、SIX MENTAL READINGを使い、深層心理的な欲求に働きかけてほめる練習をしました。このような深い意識レベルでほめることができる人は、日本でもこの本を読んでいるあなたぐらいです。ズバリ、他の人と差別化できます。

さて、「相手のMENTALが何かわかったんだけど、言い回しが出てこないんだよ！」というあなたは**言葉や表現方法（ワーディング）を日常から訓練してみてください**。

ちなみに、私は今、シンカー（思考論理MENTAL）が一番強いので、シンカーさんに対してのコミュニケーションはストレスではないのですが、他のMENTALさんに適切なコミュニケーションをするには練習と訓練が必要です。

自分の長所と考えられている部分も短所を含んでいます。自分が苦手な様々なMENTALを自分のものにすることによって、器を大きくすること、人間的にも豊かになることが可能となるのです。

SIX MENTAL READINGをセールストークに応用しよう

突然ですが、好きな人います？

わぉ、いきなりですか？

好きであればあるほど、伝え方が空回りして、うまく伝わらない。逆に、好きじゃない人とは気軽に話せたり、誘われたり、そんなことってないですか？

ありります。好きな人を思えば思うほどうまくいきません。どうしてでしょう？

ズバリ、その人の6つの深層心理的な欲求にそったアプローチができていないからです。

ビジネスでも「これが良い、これを世に広めたい！」と思っていて、熱意を込めて伝えれば伝えるほど、お客さんにひかれてしまうといったことはよくあるのです。そこで、このセッションでは、SIX MENTAL READINGをさらに応用していきましょう！

初心者は8割の日本人をカバーする セールストークから始める

これからそれぞれのMENTALに合わせたセールストークをつくってみましょう。人生すべてセールス（売り込み）です。では、身近にあるものである「ペンを売る」という練習をしていきましょう。

ここでポイントです。シンカー（思考論理MENTAL）さんとハーモナー（心情おもいやりMENTAL）さんを合わせると、日本人の約70～80％ぐらいをカバーできます。**「セールストークには『数字』と『感情』を入れましょう」と言われるのは、こういった理由からなのです。**

さて、MENTAL別の具体的なセールストークの例を一緒に見ていきましょう。

シンカーさんには数字を入れて合理的・理論的に話そう

具体例A（シチュエーション：ペン売り場にきたシンカーさんにペンをすすめる）

このペン先ですが、潰れにくい〇〇という最新構造でできていますのでとても経済的です。また通常、平均2か月しか持ちませんが、最先端のこちらのペンですと、6か月も持ちます。つまり、従来品の3倍使用できますので費用対効果が抜群です。

具体例B（シチュエーション：常連のシンカーさんにペンをすすめる）

〇〇様のような営業マンにもとても支持されているペンです。1000人の営業マンにアンケートをとったところ、こちらのペンを使ったことで成約率20％が平均80％まで上がったという結果が、9月25日発行の雑誌『〇〇ビジネス』で4ページに渡り特集されたほどです。このペンですが、黒と、特注の白とどちらがお好みですか？

具体例C（シチュエーション：ペン売り場にきたシンカーさんにペンをすすめる）

書いていて、疲れにくいペンを探してるんですが

ありがとうございます。お客様、1日どのくらいペンを使われていますか？

そうですね。1時間くらいかな

かしこまりました。1日1時間使えば、1か月で約30時間も使うことになります。結構使いますよね。また、スマホを使うから、現代人の手の筋肉は20年前の人の手に比べてとても緊張しています。こちらのペンは人体解剖学に基づき、整形外科の現役ドクターの監修のもと、つくられています。その結果、1000人中955人が選ん

だ、今最も売れているペンです。選ばれる理由は身体の負担が軽減されるからです。

なるほど……

手は大事にしないと、肩が凝ります。すると頭に血流がいかなくなり、思考力も鈍ります。このペンは書くだけでストレッチ効果があるので一石二鳥です。また今までのペンと比較してインクの量が50％増えたため、コストパフォーマンスにも優れています。体の負担も軽減されるこちらのペンですが、色は黒とシルバーがあります。どちらがいいなと思われますか？

【シンカーさんに対するコミュニケーションポイント】

◉エビデンスを提示し、数字を用いて比較して説明する
◉おすすめのワーディング：経済的、費用対効果、コストパフォーマンス

ハーモナーさんには気持ち・感情を大切にして話そう

具体例A（シチュエーション：ペン売り場にきたハーモナーさんにペンをすすめる）

いらっしゃいませ。

父へのプレゼントを探しにきたんですけど、何がいいかわからなくて……

それでしたら、こちらのペンはいかがでしょうか。ご自分で使われるのももちろん良いですが、お父様へのプレゼントとしても最適です。きっとお客様のお気持ちが伝わり、喜ばれると思いますよ。

そうですね

お揃いのペンで手紙を書いてお渡しになってはいかがでしょうか？　お父様もこちらのペンを使うたびにお客様を思い出して、嬉しいお気持ちになられると思います。大切な方とご一緒に時を刻むのはいかがですか？

具体例B（シチュエーション：常連のハーモナーさんにペンをすすめる）

○○様、いつも、ありがとうございます。今日の服装も、すごく素敵ですね。

ありがとうございます

このペンを手にしたときに、○○様のイメージにぴったりだと思い、持ってまいりました。ペンは、握り心地が一番大切です。ぜひ、お持ちになってみてください。とっても心地よく、しっくりくると思います。ヒーリング効果もあるので○○様のように、感覚を大事にされる方にはとてもおすすめです。
ちなみに○○様、お手紙は書かれますか？

あまり書かないですね。今はメールもあるし、お手紙って、書くことが少ないと思う……

先日、母から手紙が届いたんです。手書きで、「元気？　ご飯、ちゃんと食べてね！」って。母の手書きの文字が、とってもなつかしく、幼いころを思い出しました。
○○様がお手紙を書いたのは、最近ではいつごろでしょう？

う～ん。ずっと書いてないな～

○○様から手紙をもらったら、きっとすごく喜ばれると思いますよ。こちらは大切な人に手紙を書く気持ちが伝わるやさしい筆跡のペンなのです。インクの色は、セピア色と、黒があります。

具体例C（シチュエーション：ペン売り場にきたハーモナーさんにペンをすすめる）

こちらのペンはアロマ効果があり、とてもいい香りがするんです。使っているといつも幸せな気分になれると皆さんおっしゃいますよ。キャップを取っていただくとアロマを染み込ませるフィルターがあるので、そこにお好きな香りを染み込ませることができます。

たとえば、リフレッシュしたいときはミントやユーカリがおすすめで、ほっと癒やされたいときはラベンダー、ゆったりとした優雅な気持ちになりたいときは、ローズを選んでいただいくと気分や気持ちを安定させてくれます。

プレゼントとしても喜ばれています。私も愛用していますが、お友達にプレゼントをすると親しみ感とか、つながりを感じてもらえます。

贈られた方はペンを使うたびに〇〇様のやさしい気持ちを思い出すことでしょうから、絆が深まる「愛情の魔法の杖」のようなペンです。

【ハーモナーさんに対するコミュニケーションポイント】

◉「お客様」という条件つきではなく、「人として受け入れている」というマインドで温かく接する。自然な笑顔でやわらかく話す。自然な笑顔が慣れていない男性は「イヤ〜ん」のようなおネェ言葉になる人もいるので注意
◉おすすめのワーディング：相手を思いやるワード（一緒のペン、思い出、思いやりの気持ち、つながり、ぬくもり、愛情の魔法の杖）、感覚の言葉（香り、癒やし、ヒーリング効果）

ビリーバーさんには理念・信念・ミッションを熱く語ろう！

具体例A（シチュエーション：ペン売り場にきたビリーバーさんにペンをすすめる）

こちらのペンのメーカー○○社は、創業100年以上で、アメリカで最も歴史がある、アメリカを象徴するブランドなんです。歴代のアメリカ大統領が大統領就任式でサインをしたのも、このペン。このペンを持っているだけで相手から信頼されるのは間違いないです。一流の人ほど良いペンを持っているので、お客様のような方には、ぜひお持ちいただきたい逸品です。

うん。素晴らしいですね

ありがとうございます。詳しくご説明してもよろしいでしょうか？

具体例B（シチュエーション：ペン売り場にきたビリーバーさんにペンをすすめる）

このペンは伝統ある老舗の高級品です。普段ペンは使われますか？

はい

こちらは熟練した技術を持った職人が、一本一本丁寧に魂を込めてつくったものなので、持っていただくとおわかりになると思いますが、ずっしりとした本物の重みを感じていただけると思います。不思議と美しい字が書けると評判なんですよ。ぜひ、試してみてください。

確かに、重厚感がありますね

一流の仕事には本物の道具が似合いますよ。私も仕事で使用しておりますが、使うたびに身が引き締まる思いがします。よろしければ種類について詳しく説明してもよろしいですか？

具体例C（シチュエーション：取引先のビリーバーの社長にペンをすすめる）

社長、お仕事、ご活躍、素晴らしいですね。

ありがとうございます。お陰様で順調です

先日のご発信、大変感激いたしました。このように素晴らしい思い・理念をお持ちだからこそ、素晴らしい社員の皆さまが、社長のもとに集まるのですね。社長、ご提案なのですが、社長のような、本物志向のお仕事をされている方にだけ、今、特別なご提案をさせていただいているのですが。

なんですか？

こちらのペン、数量限定なので、特別な方だけに直接お話をさせていただいております。伝統的な工芸品と同じ装飾が施されています。「世界に一本のペン」というコンセプトで職人が一本一本情熱を込めて、誠実につくり上げた唯一無二の逸品なのです。ご覧になられませんか？

【ビリーバーさんに対するコミュニケーションポイント】

◉ビリーバーさんの信念や使命は何か？　を考えて、それに商品サービスを合わせておすすめする。自分が扱っている商品サービスを本当に好きになり信念を持ってすすめる

◉おすすめのワーディング：確信、意見、高級品、歴史、創業〇年、老舗、一流、本物、上質、唯一無二の逸品、職人が一本一本情熱を込めてつくった、理念

チャレンジャーさんには端的な言葉で勢いよく！

具体例A（シチュエーション：常連のチャレンジャーさんにペンをすすめる）

○○さんクラスの方でしたら、百均のペンじゃなくて、この高級ペンが絶対お似合いです。ビジネスでも「勝負」するってときがありますよね。まず、このペンで勝負！

要するに、結論から言うと、男が持つならこの一本！

○○さんクラスだったら、すぐお決めになれると思います。チャンスです！　今、お決めください！

具体例B（シチュエーション：取引先のチャレンジャーな社長にすすめる）

社長！　絶好調ですね！

おう！

本日は、どうしても社長に一番にお話ししたいことがあり、急いで伺いました！　このペンなのですが、持っているだけで、一目置かれますよ！

そうだな

社長、いかがですか？　普段、なかなか入荷がないのですが、実は今、5本だけ入荷できたんですよ！　今がチャンスです！　日本で5人だけですよ。もう買うしかないですよ!!

具体例C（シチュエーション：見るからにチャレンジャーさんな人にすすめる）

こちらのペンですが、一目瞭然、非常に高級感のあるペンです。要するに何がいいかというと、これを使うと相手に安く見られない。ただ、リスクもあって、ペンにふさわしい立ち居振る舞いでないと元は取れないですが、このペンにふさわしい行動を取るとリターンも大きくなる最高のペンです。

【チャレンジャーさんに対するコミュニケーションポイント】

◉お互いに勢いがあるとぶつかってしまうので、体育会の先輩に後輩が甘える感じ
◉言葉は短く。「バシッ」と勢いよく
◉おすすめのワーディング：特別感、高級、今がチャンス、一目瞭然、要するに、安く見られない、リスク

ジョイナーさんには楽しくいこう♪

具体例A（シチュエーション：ペン売り場にきたジョイナーさんにペンをすすめる）

このペンを見てくださいい♪　めちゃくちゃかわいくないですか？　ちょっと、持ってみてくださいよ！

すごく似合います！　えー、すごくステキ♡、買っちゃいます？

具体例B（シチュエーション：ペン売り場にきたジョイナーさんにペンをすすめる）

普段ペンを使われますか？

ときどき……

このペンですが、今、大人気なんです！　お友達と色違いで持っていたらそれだけでも毎日楽しいですよね♪　一本持っているだけでテンション上がりません？　しかも、グリップや装飾にこだわっているので、仕事で使えば楽しい気分で業務ができますよ！　見た目もかわいくないですか？

そうですね！

いろいろ種類がありますから説明してもいいですか？

何～～？

具体例C（シチュエーション：取引先のジョイナーの社長にペンをすすめる）

社長！　めっちゃいいことを思いつきました！

社内にユーモアを取り入れたら、社員の皆さんがワクワク楽しく仕事できるなと思って♪

このペンなんですが、ここに吹き出しのバッジがついていて、胸ポケットに入れたら、ここが見えるんです。すごくないっスかー！

お〜、面白いね

「今日の一言」を書いてさしておけば、社員どうしが仲良く楽しくノリノリで仕事ができると思うんですよね！

いいねぇ

コミュニケーションが増えると、会社の雰囲気も良くなって仕事がはかどりますよ！　この2タイプがあるんですが、どちらが御社向きですか？

【ジョイナーさんに対するコミュニケーションポイント】

◉楽しい接触が大好物♪

◉ジョイナーさんは「楽しい接触（FUN）」だけでなく、「興味がある（INTEREST）」の心理的要素もあります。見た目は静かだけれど、本人は楽しんでいるという場合もあるので注意

◉おすすめのワーディング：オノマトペ（擬音語・擬声語・擬態語など）を多用する

イマジナーさんには相手のペースを守ってゆっくりと

具体例A（シチュエーション：常連のイマジナーさんにペンをすすめる）

こちらのペン、気になりますか。

はい。ちょっといいなと気になります

私もこのペンすごく好きで、とても人気があります。もし良かったら自由に試し書きしてみてくださいね。何かありましたらお声がけください（※あえてそっとしておく）。

具体例B（シチュエーション：常連のイマジナーさんにペンをすすめる）

こんにちは。

こんにちは

最近どうですか？

まあ……はい

お仕事のアイデア出されるときって、何を使われていますか？

うーん、パソコンかな……

アイデア出しは、手書きがおすすめですよ。手書きのほうがイメージが湧きやすい、潜在意識が働きやすいって言いますからね。こちらのペン、アイデア出しに使われている方が多いんです。

具体例C（シチュエーション：ペン売り場にきたイマジナーさんにペンをすすめる）

今日はどんなペンをお探しですか？　ご希望などはありませんか？

はい。見て考えようと思います

かしこまりました。何かありましたらお声がけください（※あえてそっとしておく）。

すいません。おすすめのペンを教えてもらっていいですか？

かしこまりました。こちらのペンは半永久的に使えますので、コスパに優れていて経済的です。

また、こちらはグリップがモチモチしていて手に自然とフィットして、書き心地が大変優しいペンです。3本目のこのペンはユニセフとコラボしておりまして、1本購入するごとに10人の途上国の子供がワクチンを打つことができ、社会貢献を可能にするペンです。

こちらは今朝入荷した、すぐ売り切れてしまう人気商品で、その中でも「限定仕様」は非常にレアで、なかなか入手ができないんです。

これは、面白さを追求した機能性ゼロのペンです。キャップが竜になってます。ペン先はこちらをポチッと押すと虎の口がパカッと開いて出てきます。竜と虎、ちびっ子に大人気のペンです。

最後に、このペンですが、何よりこのアート性に皆さん惹かれています。実はこれ芸術家の○○さんが監修したもので、使う方にインスピレーションが湧きやすいと評判です。

こちらに自由に試し書きをしてもらって大丈夫ですので、お好みのものが決まりましたら私までお声がけください（※店員さんは外して、時間をかけてじっくり選んでもらう）。

【イマジナーさんに対するコミュニケーションポイント】

◉ゆっくり落ち着いて話し、相手のペースを守ってあげる

◉そもそも声をかけられるのも嫌がる場合があるので注意

◉相手の世界観を大切にして、最後は放っておいて、相手のペースで考えてもらう

◉おすすめのワーディング：「～を～してください」、「ご自分のペースで～」

6MENTAL別おすすめのコミュニケーション方法

シンカーさんにはこうする！

◉エビデンス、証拠を出す。数字を用いて比較すると効果的
◉おすすめのワーディング：経済的、費用対効果、コストパフォーマンス

ハーモナーさんにはこうする！

◉「人として受け入れている」というマインドを持って、自然な笑顔でやわらかく話す
◉ワーディング：思い出、思いやりの気持ち、つながり、ぬくもり、癒やし

ビリーバーさんにはこうする！

◉相手の信念や使命は何かを考えて、それに合わせておすすめする
◉ワーディング：確信、意見、高級品、創業○年、本物、上質、理念

チャレンジャーさんにはこうする！

◉言葉は短く。「バシッ」と勢いよく、体育会系の先輩に後輩が甘えるように
◉ワーディング：特別感、高級、今がチャンス、一目瞭然、安く見られない

ジョイナーさんにはこうする！

◉FUN（楽しい）に加え、INTEREST（興味）の部分もアピールする
◉ワーディング：オノマトペ（擬音語・擬声語・擬態語など）

イマジナーさんにはこうする！

◉相手の世界観を大切にしてゆっくり落ち着いて話し、相手のペースを守る
◉ワーディング：「～を～してください」、「ご自分のペースで～」

SESSION 6

まとめ

このセッションでは、その人のMENTAL（深層心理的欲求）に合わせたセールストークを練習しました。

もちろん、SESSION⑤の「ほめるワーク」で練習したように、

「はずれた場合は押し切る」

「普通と違って〜」

「Iメッセージ（私はこう思います）」

などをトークに入れるとさらに説得力が増します。

最後に注意です。あなたも誰かから「きみはこういうヤツだ」と「枠づけ」され、決めつけられるのってイヤじゃないでしょうか。

逆説的になりますが、６つの心理的欲求をきっかけに、最後はその「枠」をはずして、目の前の相手を見て、相手に寄り添ってもらいたいのです。

あくまでSIX MENTALはきっかけで、最終的には目の前の人に、「枠」をはずして、接してくださいね。

さらに、そこからセールスで「何を」話すか？　最新の購買心理に基づく営業台本（トークスクリプト）に興味が出たら、『営業は台本が９割』（きずな出版）を手に取ってみてくださいね。

＼ SESSION ⑦ ／

あなたが忘れているたった一つのこと

質問があるんです。うまくコミュニケーションができる人と、できない人がいるんです

どうしてでしょう？

う～ん。相手が私のように感じたり考えたり行動してくれたらって、思っているからかもしれません

そうですね。「相手が自分に合わせるのが当然」と無意識で思っているかもしれませんね。

マザー・テレサはこう言ったそうです。

「私は自分より上にいる人から多くを学んだ。私は自分と同等の人からも多くを学んだ。しかし自分の下にいる人からは一番多くを学んだ」

目の前のすべての方から学ぶことが私たちの成長につながるかもしれませんね。

そりゃそうなんですけど、理解しようと思っても、イマイチ理解できない場合はどうすれば良いですか？

逆を考えてみましょうか？　あなたがすごく理解できていると思う人、たとえば好きなアーティストを誰でも良いのでイメージしてください。その美を鑑賞するとき、どのようになりますか？

客体なのか？　主体なのか？　その境界線がなくなってくるのではないでしょうか？　自分から抜け出て、そのものと一つになる、すべてが自分になってくる。

そうですね。私のゴッホ、私の坂本龍一ってなってますね

あなたが興味ある主体でなくなり、興味がある客体として生きるようになる。変容し、他者と一つになる。私たちは美を鑑賞する際、美を味わい、美を咀嚼し、美と一体化し、「自分は今や美の中にいる」という経験を自然としているのではないでしょうか。

まぁ、それはそうなんですが。それは、好きなものに対してですよね？

そうですね。ではなぜ、好きでないものを理解するのに抵抗があるのでしょうか？

自分と違いすぎて好きになれないものは、そもそも理解したくないのかも

あなたは今、自分と違う世界が存在することを知りました。6つの世界を行き来することができるようになったのです。理解できない他者を理解しようとするその気持ち、努力が、「愛」なのかもしれませんね。

うーん。百歩譲って「理解できないもの」はわかりましたけど……きらいなものと一体化するって、そもそもムリじゃないですか？

その気持ちすごくわかります。変容しようとするとき、他者と一体化しようとするとき、「自分と一体化するほどの価値はない」と思っているでしょうから、他者と一体化できるという感情は「謙虚であろうとする感情」と結びついているのです。

はあ。謙虚ですか？

魂、心の成長です。シンカーさん的に言うと、科学的に器を大きくすることができますね。

ふふふ。こんどは器ですか？　器を大きくすることって私にメリットはあるんですか？

瞬間的、直接的なメリットは、ないかもしれません。「愛」をもって相手を理解しようとすること、謙虚さをもって相手と一体化しようとする自由は私にもあなたにも与えられています。しかし、必要性がないと、相手を理解し、一体化しようとなんて思わないでしょう。それは私も同じです。

私がお伝えしたいのは「積極的に自分と違う人を理解しましょう、認めましょう」という教科書的なことではなく「自分と違う人の存在が否定される社会には、自由がない、希望がないのではないか？」ということなのです。

この世には誰にも理解されずに、孤独にあえぎ苦しんでいる人が多くいます。たった一人でもその人を理解し、自分のように考えてくれたらどうでしょう。

すごく元気になると思います！　一緒に悩んで、苦しんで、傷ついて、泣いて、一緒に歩いてくれる人が横にいると思うだけで安心するし、「今日もがんばろう！」って、生きる希望が湧きますよね！

そうですね。はじめのころにお話しした不登校の子を持つ親御さんを覚えていますか？

はい。SIX MENTAL READINGができたきっかけですよね？

世の中は多数派（普通）の人の世界です。多数派（普通）の人と、脱落して少数派（普通でない）になってしまった人がいます。そして、多数派（普通）の世界にいながら少数派（普通でない）の世界を行き来できる人もいるのです。

その不登校の子の親御さんは「なんで自分ばかりこんなことになってしまったのか?」と長いこと悩み苦しんでいたんですが、SIX MENTAL READINGを知ることで「子供の横に寄り添うだけで、私にもものすごいパワーが湧いてきました」とおっしゃっていました。

まさに希望ですね！「寄り添うこと」、やってみる価値はありそうですね

あなたは「SIX MENTAL READING」という武器を使って、様々な世界があることを知り、そして自由に行き来することができるようになりました。もちろん私も、毎日、毎日、格闘しています。

いつかどこかでお会いしたときに、あなたの物語を、教えてくださいね。

おわりからのはじまり

相手のために自分を変容できる力、創造力、愛。

相手の深層心理的な欲求（MENTAL）に合わせてコミュニケーションをするというのは、相手と深く関わるということです。

「自分と違った相手の自我があること」に気づき、「自分と違った人間が存在する自由を認め」、「自分と違った相手の自我を認める」という精神で関わることを目指しています。

昨今、自分で命を絶ってしまう方が多くいます。そのような方はコミュニケーションに悩んでいることが多いかもしれません。コミュニケーションに悩んでしまうと、自我や自分の存在自体に悩んでしまうかもしれません。

人それぞれ心理的欲求が違う。そのどれも素晴らしい。そして、その人それぞれの自我も素晴らしい。

相手とのコミュニケーションにストレスを感じるときは、コミュニケーションスキルに齟齬が生じているにすぎないのです。相手の深層心理的欲求に合わせたコミュニケーションスキルを身につければ、お互いの存在を認めたコミュニケーションが可能になります。

「砂糖水をつくるには、砂糖が溶けるのを待たねばならない」（ベルクソン）

私たちは、彼および彼女の心理的欲求に沿ったアプローチをしたら、あとは何ができるか？

「ひたすら待つ」
あとは待つことしかできないのです。愛を持って、待つ。恋愛のように。

その人を思っているなら、たとえ自分と付き合うことができなくてもその人の幸せを願うのではないでしょうか？　付き合えないならば相手の不幸せを願う、というのであれば、それは愛ではありませんよね。
好きな人に寄り添うのはカンタンです。しかし、自分が苦手だなと思う人に対しても、このSIX MENTAL READINGを使って理解するチャレンジをしていただきたいのです。すべてを批判することなく、帰依してみる。

あなたが理解したものが必要であれば、あなたを豊かにします。一方、それが必要なければ、土地に根を張ることができなかった草木のように、その思考や感情や感覚は薄れ、やがて枯れていくでしょう。しかし、それらは分解され、あなたという大地を、さらに豊潤なものにしてくれるのです。

多様性の世界、希望。

少数派の人々、不登校の子供、ひきこもり、障がい（知的障がい、身体障がい、精神障がい、発達障がい）を持っている方、ＬＧＢＴの方、闘病中の方などは、冷たい絶対的孤独感を感じているかもしれません。

もし、共感することが難しくても、理解できれば、接し方を変えることができる。それが「クリエイティビティ（創造力）」であり、「力（パワー）」、「愛」だと思うのです。目の前の人にやさしく愛を持って理解しようとすること、そして理解されること。難しくてもあえてそのチャレンジをすること。それを私も、あなたも、あなたも、あなたも、あなたも、一緒にできたら、この世界に希望が生まれます。

何度も打ち合わせをしていただいた担当編集者の川本真生さん、ありがとうございました。この本は川本さんのお力と熱意があって初めて、完成しました。

加賀田　裕之

著者プロフィール

加賀田裕之
（かがた・ひろゆき）

台本営業®コンサルタント。ホームメンターズ株式会社代表取締役社長。ミリオンセールスアカデミー®主宰。大学卒業後、体育会系の営業会社にて高額商材のセールスマンとなるが、まったく売れず、250万円の自社商材を自分で購入するほど追い込まれる。「もう辞めるしかないな」と思ったときに、トップセールスから営業の極意を伝授され、人生を逆転。その後はみるみるうちに売れるようになり、100億円企業の営業マネージャーとして、部下約20名のチームを連続優勝させ、新規事業部の責任者に任命。初年度年商1億円を達成。その後、IT事業会社で、部下約20名を束ねる営業マネージャーとなり、さらに部下約100名の事業部副部長、年商25億円の事業会社の事業部長として結果を出す。口下手、人見知り、営業が苦手の方でも自然にお客様の「欲しい！」を引き出す営業スキルをお伝えしたい、と独立。独自の「台本営業®」メソッドは朝日新聞等でも紹介。13年苦しんだ対人恐怖症営業マンが、セミナー後、前月比500%の契約獲得、元キャバ嬢も歩合給が月に300万円以上になるなど、「モンスター営業マン製造工場」の異名をとる。著書『営業は台本が9割』『図解でよくわかる！営業は台本が9割』は、現在もロングセラーとなっている。

カバーデザイン：金井久幸（ツー・スリー）
本文デザイン・図版制作：五十嵐好明（LUNATIC）
カバーイラスト：たきれい
中面イラスト：たきれい、松島由林、田中未樹

校正：鷗来堂
P4画像（下）：Wikimedia Commons

トップ営業が密かにやっている 最強の会話術 SIX MENTAL READING

2023年7月1日　初版第1刷発行

［著者］　加賀田裕之
［発行者］　櫻井秀勲
［発行所］　きずな出版
東京都新宿区白銀町1-13　〒162-0816
電話03-3260-0391　振替00160-2-633551
https://www.kizuna-pub.jp/
［印刷・製本］　モリモト印刷

ISBN978-4-86663-205-6

きずな出版

『トップ営業が密かにやっている最強の会話術
SIX MENTAL READING』
★読者限定プレゼント★

本書をご購入くださってありがとうございます。
書籍を購入いただいた読者限定で、
データ「自分を知るための地図・ガイド、
あなたは何メンタル？深層心理分析シート」を
プレゼントさせていただきます！

ぜひ、この機会にご入手ください。
本書のさらなる理解と実践にお役立ていただけると
嬉しいです！

詳しい特典内容は、下記のページからご確認ください。

気になる方はこちらから↓↓

☞リンク
https://million-sales.com/?page_id=40909

☞QR コード